Inhalt

Das ist Benedikt, der Mönch. Er wird Euch an die Hand nehmen, Euch alles zeigen und Euch erklären, was Ihr vielleicht nicht sofort versteht. Er kennt sich aus wie kein anderer. Denn als „Mönch-in-Gladbach" ist er in dieser Stadt von Anfang an bei allem dabei.

Vorwort des Herausgebers

Liebe Leserinnen und Leser,

unser Ziel ist, dass die Kinder unserer Stadt authentische Stadtgeschichte kennenlernen. Ursula Hillekamp hat sie leicht verständlich dargestellt und auch Entwicklungen der Gegenwart einbezogen.
Da jüngere Kinder in der Regel noch nicht in der Lage sind, sich Inhalte selbständig zu erarbeiten, soll dieser Stadtführer Familien ermuntern, gemeinsam mit ihren Kindern zu lesen, auf Entdeckungsreise zu gehen und sich mit ihrer Stadt zu beschäftigen.
Der Lions Club Mönchengladbach hat ein Realisierungskonzept entwickelt, welches die Verbreitung dieses Kinder-Stadtführers in hoher Auflage ermöglicht. Zur Finanzierung der gesamten Produktionskosten wurden etwa zur Hälfte Gelder aus dem Erlös der Aktion „Altes Zahngold" eingesetzt. Der nicht unerhebliche Rest wurde zu gleichen Teilen von den regionalen Unternehmen Borussia, GEM, NVV und der Volksbank Mönchengladbach gesponsert.
An dieser Stelle möchte ich mich auch bei der ZIM (Zahnärzte Initiative Mgl.) bedanken, deren Mitglieder die Aktion „Altes Zahngold" unterstützen, indem sie die von den Patienten überlassenen goldhaltigen Füllungen, Kronen und Brücken sammeln und für die diversen Jugend-Förderprojekte des Lions Clubs zur Verfügung stellen.

Herzlichen Dank an alle, die dieses Buch unterstützt haben.
Ihr
Arnd Frentzen
Präsident des Lions Club Mönchengladbach

Vorwort der Autorin

Liebe Kinder in Mönchengladbach,

als ich mit dem Schreiben anfing, war Mönchengladbach für mich eine eher langweilige Stadt. Aber je länger ich mich mit ihr befasste, desto mehr änderte sich meine Einstellung. Mönchengladbach ist eine sehr schöne und interessante Stadt mit vielen Orten, wo Ihr spielen, Euch beschäftigen und auch eine Menge lernen könnt. Nicht nur über die Geschichte unserer Stadt.

Bei meinen Entdeckungsreisen bin ich keine Expertin geworden, aber ein Gladbach-Fan.

Das Buch habe ich für Euch geschrieben,

- um Euch zu zeigen, wie abwechslungsreich die Stadt ist, in der Ihr wohnt
- um Euch neugierig zu machen, die Orte, die ich beschrieben habe, aufzusuchen
- um Euch anzuregen, selbst auf Entdeckungsreise zu gehen und Eure eigenen Beobachtungen und Erfahrungen zu machen und vielleicht aufzuschreiben.

Wenn Ihr das Buch gelesen habt, werdet Ihr

- erfahren haben, dass Ihr in einer schönen großen Stadt mit vielen Sehenswürdigkeiten, Grünanlagen, tollen Spielmöglichkeiten und interessanten Ortsteilen lebt
- mehr darüber wissen, wie die Stadt entstanden ist

und wie sie sich im Laufe der Jahrhunderte bis in unsere Zeit entwickelt hat
- alte Geschichten kennen gelernt haben
- Tipps für Ausflüge, Spaziergänge und Unternehmungen bekommen haben.

Euer Begleiter wird Benedikt sein, der „Mönch-in-Gladbach", der Euch überall hinführt und alles erklärt. Nik Ebert hat ihn extra für Euch gemalt. Viele von Euch sind in der Rheinischen Post schon dem kleinen Enterich „ERPELINO" oder dem knuffigen Fischotter „PATSCHEL" begegnet. Sie und ihre vielen tierischen Freunde wuseln jeden Samstag in der Zeitung herum und erleben die tollsten Abenteuer. Sie gehören zu den vielen lustigen Figuren, die der Zeichner Nik Ebert sich ausgedacht hat, damit Eure Welt noch ein bisschen fröhlicher wird.

Und damit Ihr Euch ganz schnell bei Euren Rundgängen und Ausflügen zurechtfindet, war Frank Kürten vor Euch unterwegs und hat alles ganz toll fotografiert.
Beiden ein ganz herzliches Dankeschön dafür, dass sie das Buch so schön bunt illustriert und bebildert haben.

Nun wünsche ich Euch viel Spaß beim Lesen und Entdecken.

Eure
Ursula Hillekamp

Ganz ohne Daten geht es nicht ...

Mönchengladbach ist eine Stadt mit ungefähr 270.000 Einwohnern. Warum ungefähr? Die Zahl ändert sich jedes Jahr etwas, weil in jedem Jahr in der Stadt Menschen sterben, Kinder geboren werden, Bürger und Bürgerinnen wegziehen oder neue zuziehen.
Und wer weiß immer genau über solche Zahlen Bescheid? Das ist die Verwaltung der Stadt – genauer: das Amt für Statistik.
In unserer Stadt leben ungefähr 37.700 Kinder im Alter bis 14 Jahren. Auch das ist eine Zahl, die sich von Monat zu Monat ändern kann.

Seit 1975 ist Mönchengladbach eine Großstadt mit 10 Stadtbezirken. Die meisten dieser Stadtbezirke waren einmal selbständige Orte, zum Beispiel Gladbach, Rheydt, Odenkirchen, Rheindahlen und Wickrath.
Jeder Stadtbezirk hat mehrere kleine Stadtteile. Insgesamt sind es 44. Euren Stadtteil werdet Ihr sicher gut kennen. Ihr geht dort in den Kindergarten oder zur Schule, wisst, wo Spielplätze sind, wo Ihr die Haare schneiden lassen und wo Ihr beim Bäcker, Metzger oder im Supermarkt einkaufen könnt.

Überall in der Stadt gibt es Interessantes zu entdecken. Ich lade Euch ein, mit mir auf Entdeckungsreise zu gehen.
Kommt mit. Ihr werdet sehen, dass es spannend wird.

Das Stadtwappen von Mönchengladbach

In einer Statistik werden Zahlen gesammelt. Zum Beispiel wie viel Schokolade Kinder essen oder wie viele Kinder einen Kindergarten besuchen. Dann weiß ein Schokoladenhersteller ungefähr, wie viel Schokolade er produzieren muss. Oder die Stadt, ob die Kindergartenplätze für alle Kinder ausreichen.

Bild linke Seite:

Das Rathaus in Rheydt

Münster, Abteiberg, Markt und Umgebung

Ein Tag im Herzen von Mönchengladbach

Am besten fangen wir ganz von vorne an. Mönchengladbach hieß nicht immer so. Im Laufe der Jahrhunderte hat sich der Name der Stadt häufig geändert: Gladebach, Glaidbach, Monichen Gladebach, Gladbach, München-Gladbach, M.Gladbach, Mönchengladbach.
Bis vor mehr als 150 Jahren war Gladbach - wie es damals noch hieß - von einer Mauer mit Türmen umgeben und noch recht klein. Reste der Mauer sind heute noch zu sehen.
Außerhalb der Stadtmauer wohnten Menschen in kleinen selbständigen Ortschaften z.B. in Rheydt, Rheindahlen, Wickrath oder Odenkirchen. Das sind heute Stadtbezirke, die alle zu Mönchengladbach gehören.

Den Stadtteil Gladbach, genauer gesagt, den kleinen Kern innerhalb der ehemaligen Stadtmauer, sollt Ihr in diesem Kapitel kennen lernen.

Das Gladbacher Münster

Bevor Ihr aber mit einem Rundgang beginnt, erzähle ich Euch erst einmal die Geschichte Eurer Stadt. Und die geht so:

Ein Kloster wird gegründet

Vor mehr als tausend Jahren hatte Erzbischof Gero von Köln einen Traum. Er träumte von einem Kloster auf einem bewaldeten Hügel. Am Fuße des Hügels floss ein Bach. Als Gero aus seinem Traum erwachte, war ihm klar, dass Gott ihm im Traum den Auftrag gegeben hatte, an so einem Ort ein Kloster zu bauen.

Erzbischof Gero von Köln und der Mönch Sandrad

(Bild: Stadtarchiv Mönchengladbach)

Den Ort aus seinem Traum musste er aber zuerst einmal finden. Er bat seinen Freund, den Mönch Sandrad aus Trier, ihm bei der Suche zu helfen. Sandrad wusste sehr viel über das Bauen von Klöstern und darüber, was die Menschen, die in einem Kloster leben, unbedingt zum Leben brauchen. Er war auch sonst ein so bedeutender Mann, dass ihn selbst Kaiser Otto I. (der Große) zum Berater wählte.
Auf ihrer Suche kamen Gero und Sandrad nach Leichlingen. Das ist eine Stadt an der Wupper. Sie dachten, das wäre der Ort, den Gero im Traum gesehen hatte. Als sie dort lagerten, kamen zwei Boten zu Erzbischof Gero, die ihm berichteten, dass Kaiser Otto I. gestorben und sein Sohn Otto II. jetzt der neue

Kaiser war.
Gero und Sandrad luden die Boten zum Abendessen ein. Es gab Hirschleber, und alle waren gut gelaunt. Die Boten alberten herum. Wenn der eine gerade wegschaute, nahm ihm sein Begleiter mit dem Messer (Gabeln benutzte man noch nicht) ein Stück Leber vom Teller. Übermütig drohte ihm der andere mit seinem Messer und verletzte ihn dabei leicht am Bein. Nicht lebensbedrohlich, sollte man meinen. Doch völlig unerwartet starb der Ärmste. Nun glaubten alle an ein Zeichen, das Gott ihnen gegeben hatte. An einem Ort, an dem Blut geflossen war, durfte kein Kloster gebaut werden.
Deshalb wanderten Gero und Sandrad weiter. Irgendwann kamen sie dann hier bei uns an. Es gab einen bewaldeten Hügel mit einem klaren Bach. Sandrad erkundete die Umgebung. Er entdeckte, dass es im Tal viel Wasser gab und dass man dort Fischteiche anlegen konnte, wie sie ein Kloster für die Ernährung der Menschen, die in ihm wohnen würden, brauchte.
Nachts hörten Gero und Sandrad den Gesang von Engeln. Als sie am anderen Morgen aufwachten, fanden sie genau an der Stelle, wo sie den Gesang gehört hatten, unter einer Baumwurzel versteckt, einen hohlen Stein mit einem Reliquienschatz. Das war für sie dann die Bestätigung, dass sie diesmal den richtigen Ort gefunden hatten. Sie waren total begeistert.
Gero und Sandrad warteten nicht lange, sondern fingen sofort an, ein Kloster und eine Kirche zu Ehren von Jesus, Maria und dem Heiligen Vitus zu bauen.

Reliquien sind Objekte der Verehrung, wie zum Beispiel Knochen oder Haare von Heiligen oder Gegenstände aus deren Besitz.

Das war im Jahr 974. Abt Sandrad war der erste Abt des Klosters. Ob sich die Geschichte allerdings genauso zugetragen hat, weiß man nicht. Abt Heinrich hat sie im Jahr 1066 im Klosterbuch aufgeschrieben. Aber zu dieser Zeit lebte schon niemand mehr, der beim Bau des Klosters dabei war und sagen konnte: ja, so war es, oder nein, so war es nicht.
Es ist trotzdem eine sehr schöne Geschichte, und die Menschen in Mönchengladbach erzählen sie so seit vielen hundert Jahren. Aber Hand aufs Herz: Kann man sie wortwörtlich glauben?

Graf Balderich und seine Frau Hitta

(Bild: Stadtarchiv Mönchengladbach)

Ihr werdet Euch sicher fragen, wo denn der Reliquienschatz herkam?
Auf dem Gladbacher Hügel stand schon vor der Klostergründung eine kleine Kirche. Graf Balderich und seine Frau Hitta ließen sie bauen, und Papst Leo III. soll sie 798 geweiht haben. Die kleine Kirche besaß viele wertvolle Reliquien. Sie stammten von den Heiligen Vitus, Cornelius, Chrysantus, Cyprianus und Barbara.
Für Kirchen waren Reliquien sehr wichtig, vor allem, wenn sie von bedeutenden und bekannten Heiligen stammten. Dann kamen Menschen von weit her, um in der Nähe dieser Heiligen zu beten.
So um das Jahr 900 herum überfielen Ungarn unsere Gegend

und haben die erste Kirche auf dem Gladbacher Hügel niedergebrannt. Die Priester der Kirche hatten Angst um ihr Leben und mussten fliehen.
Wie aber konnten sie die kostbaren Reliquien retten?
Sie versteckten sie kurzerhand in einem hohlen Stein, und den vergruben sie unter einer Baumwurzel. Diesen hohlen Stein gibt es noch. Auf Eurem Rundgang werdet Ihr ihn bewundern.
Die Kirche blieb nach ihrer Zerstörung als Ruine stehen bis Erzbischof Gero 974 von Köln nach Gladbach kam, um hier ein Kloster zu gründen.
Nachdem Ihr diese Geschichte gelesen habt, könnt Ihr Eure Entdeckungsreise beginnen.

Auf zu Eurem ersten Rundgang.
Ein guter Treffpunkt ist der Brunnen auf dem Alten Markt.
Es ist ein moderner Brunnen. Er wurde von dem Künstler Erwin Heerich entworfen und 1977 erbaut. Auch früher standen hier ein Brunnen und später eine Pumpe.

Stellt Euch nun so hin, dass Ihr vor Euch eine Kirche seht. Hier soll auch die Kirche von Graf Balderich gestanden haben. Rechts neben der Kirche seht Ihr das Gasthaus „St. Vith". Es ist das älteste Steinhaus in Mönchengladbach.

Der Brunnen auf dem Alten Markt

Das Gasthaus St. Vith

Warum dieses Haus gebaut wurde?
Darüber gibt es eine Geschichte. Bevor ich sie Euch erzähle, müsst Ihr Euch aber erst noch ein wenig umschauen.
Auf dem Boden links von Euch in Richtung Hindenburgstraße könnt Ihr dunkle Steine erkennen.
Geht den Steinen einmal nach. Das sind die Umrisse des alten Rathauses, das hier einmal gestanden hat.
Was meint Ihr, war das nicht ein merkwürdig kleines Rathaus?

In der Nähe dieses Rathauses stand ein Pranger. Daran wurden Leute festgebunden und öffentlich zur Schau gestellt, wenn sie etwas ausgefressen hatten. Das konnte z.B. ein Bäcker sein, der zu kleine Brötchen gebacken oder jemand, der geflucht hatte.
Wer am Pranger stand, durfte von den Vorübergehenden verspottet und angespuckt werden. Verständlich, dass sich jeder, der da stehen musste, fürchterlich schämte.
Heute benutzen wir noch die Redewendung: „jemanden an den Pranger stellen".

Und jetzt erzähle ich Euch, warum das St. Vith gebaut wurde.
In dieser Geschichte spielt der Pranger nämlich eine Rolle.

Die Geschichte vom Abt und dem Pranger

Zu der Zeit, als das Gasthaus St. Vith gebaut wurde, gab es in Gladbach noch das alte Kloster. Dem Kloster gehörte das meiste Land auf dem Abteiberg und in der Umgebung, und der Chef des Klosters, der Abt, hatte als Grundherr sehr viel in der Stadt zu sagen. Er hatte zum Beispiel auch das Recht zu bestimmen, wer zur Strafe an den Pranger gestellt wurde.
Da gab es aber noch den Vogt als Vertreter des Landesherrn. Der Abt des Klosters als Grundherr und der Vogt als Vertreter des Landesherrn waren nicht gerade die besten Freunde. Besonders dann nicht, wenn es um die Frage ging, wer wofür zuständig war.
Einmal, als der Abt verreist war, ließ der Vogt den Holzpranger abreißen und einen steinernen Pranger mit dem Wappen des Landesherrn aufstellen. Das bedeutete, dass er sich das Recht nahm, in Zukunft die Missetäter der Stadt selber an den Pranger zu stellen. Ihr könnt Euch vorstellen, dass der Abt bei seiner Rückkehr vor Wut kochte. Er hatte aber nicht den Mut, dem Vogt zu sagen: „Du gehst entschieden zu weit! Es ist meine Sache zu bestimmen, wer an den Pranger gestellt wird." Er fand sich mit den Tatsachen ab, weil er meinte, gegen Gewalt könne er nichts tun.
Um sich nun nicht jeden Morgen schon beim Aufwachen über den Anblick des Steinprangers vor seinem Fenster zu ärgern, ließ der Abt zwischen Pranger und Abtei ein Haus für die Unterbringung von Gästen des Klosters bauen: das heutige „St. Vith".

Als Grundherr wird jemand bezeichnet, der Land besitzt.

Landesherren mussten beispielsweise mit ihren Soldaten Klöster vor Feinden schützen. Deshalb nannte man sie auch Schutzherren.

Für die Menschen in Mönchengladbach ist es bis heute ein beliebter Treffpunkt.

Der Gladbacher Galgen

(Bild: Stadtarchiv Mönchengladbach)

Pranger und Galgen

Neben dem Pranger gab es noch einen Galgen. Menschen, die nach den Vorstellungen der damaligen Zeit schlimme Verbrechen begangen hatten, wurden am Galgen aufgehängt. Der Tod am Galgen war die Strafe zum Beispiel für Diebstahl, Raub, Mord oder Geldfälschung.
Könnt Ihr Euch vorstellen, wer da heute alles hängen würde?
Der Gladbacher Galgen stand außerhalb der Stadtmauer an der Straße nach Viersen. Wenn jemand am Galgen aufgehängt wurde, dann war das für die Bevölkerung ein großes Ereignis, fast wie ein Volksfest. Die meisten Bewohner der Stadt schauten dabei zu. Der Tote blieb solange zur Abschreckung am Galgen hängen, bis die Leichenteile von selbst herunterfielen. Der Gestank und der Anblick müssen fürchterlich gewesen sein!
In der Umgebung von Gladbach gab es noch mehr Galgen, zum Beispiel in Rheydt und in Wickrath. Die Straße in Rheydt, wo einst der Galgen stand, heißt heute noch „Hangbuschweg".

Stifter nennt man die Menschen, die besonders kostbare Geschenke machen, wie beispielsweise Kirchen, Museen, Parkanlagen und vieles andere mehr.

Als Chor bezeichnet man den Teil der Kirche, in dem der Hauptaltar steht.

Doch zurück zu Eurem Rundgang.
Wenn Ihr rechts vom St. Vith die Rathausstraße entlang geht, könnt Ihr auf der linken Seite in der Wand neben dem Haus Nr.

15 eine Tafel sehen. Die darauf abgebildeten Jahreszahlen sollen für die Geschichte unserer Stadt sehr wichtig sein.

798	*Graf Balderich gründet Gladbach*
972	*Erzbischof Gero von Cöln stiftet die Benediktiner-Abtei*
1350	*Markgraf Wilhelm von Jülich erhebt Gladbach zur Stadt*

Die Zahlen stimmen aber nicht ganz. Es gibt keine Urkunden, die sie belegen.

Rechts vor Euch, genau an der Straßengabelung, steht eine große steinerne Figur. Sie soll den Grafen Balderich darstellen. Wisst Ihr noch? Das war der Stifter der ersten Pfarrkirche.

Bevor Ihr Eure Entdeckungsreise in die Vergangenheit fortsetzt, müsst Ihr Euch erst noch etwas mit der Geschichte unserer Stadt befassen.
Als das Kloster und die Kirche - heute Münster - fertig waren, wurden sie von dem großen Gelehrten Albertus Magnus (das ist lateinisch und heißt soviel wie Albert der Große) aus Köln eingeweiht.
Das war genau am 28. 4. 1275. Und wisst Ihr, wer den Chor des Münsters gebaut hat? Es war der berühmte Dombaumeister Gerhard vom Kölner Dom.
Jetzt solltet Ihr Euch einmal ansehen, was heute von

Graf Balderich

der Abtei oder dem Kloster (das ist dasselbe) und dem Münster noch da ist.

Wenn Ihr links am Balderich-Denkmal vorbei geradeaus weiter geht, seht Ihr vor Euch ein Gebäude mit einem großen Tor. Das ist der Eingang zur Abtei. Die Mönche, die hier einmal lebten, wurden vor über 200 Jahren von dem Franzosen-Kaiser Napoleon vertrieben. Seitdem gibt es das Kloster nicht mehr.

Das Tor zur früheren Abtei, dem heutigen Rathaus

Die beiden Figuren sind die Heiligen Benedikt und Vitus.

Heute ist in den Gebäuden das Rathaus untergebracht.
Über dem Tor seht Ihr zwei Figuren: die linke stellt den Heiligen Benedikt dar und die rechte den Heiligen Vitus. Der Heilige Benedikt gründete den Benediktiner-Orden und der Heilige Vitus ist der Gladbacher Stadtpatron.
Schaut Euch die Figuren gut an.

Weiter geht es zum Münsterplatz hinter dem Rathaus. Ein Hinweisschild zeigt Euch den Weg.
Ihr kommt zuerst zur Rückseite des Rathauses. Hier seht Ihr im Giebel ein Wappen. Dieses Wappen mit der Jahreszahl 1705 ist das Wappen von Abt Petrus Knor. Er hat das Gebäude damals

neu errichtet. Dass er ein eigenes Wappen hatte, zeigt, welche Bedeutung ein Abt hatte.

Auf dem Münsterplatz - der Name sagt es - steht das Münster. Bleibt zuerst einmal auf dem Platz und versucht, von der Mauer aus einen Blick auf die Umgebung zu werfen. Am Fuß des Münsters gab es früher nur wenige Häuser. Hier war die Stadt zu Ende. Die Felder, Wiesen und Teiche lagen außerhalb der Stadt.

Nun dreht Euch wieder um und geht durch die Seitentür ins Münster hinein. Vor Euch stehen zwei Figuren. Erkennt Ihr sie wieder? Fallen Euch Unterschiede auf?

Geht einfach in der Kirche umher, betrachtet alles in Ruhe und denkt an die vielen, vielen Menschen, die seit über 1000 Jahren hier gebetet und gesungen und die Heiligen um Hilfe gebeten haben, wenn sie in Not waren.

Bestimmt habt Ihr jetzt eine Menge Fragen.

Ein Rathaus ist ein Gebäude für die Verwaltung einer Stadt.

Das Gladbacher Münster

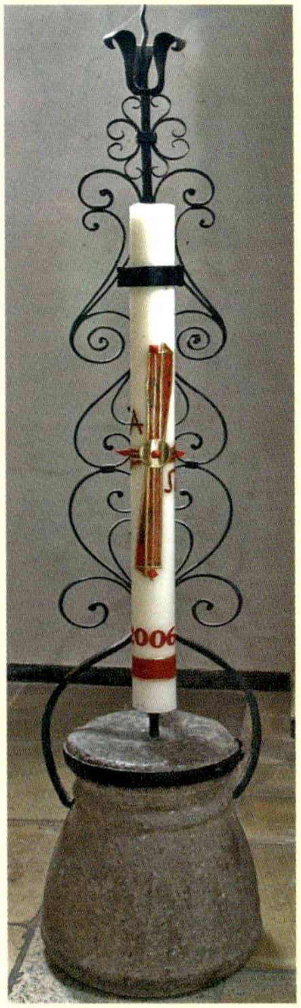

Der Osterleuchter auf dem hohlen Stein

Der Taufstein (Bild rechts)

Der Matronenstein

Einige werde ich beantworten.
Der alte Taufstein auf der rechten Seite stammt aus dem 12. Jahrhundert. Hier werden heute noch Kinder getauft.
Gleich neben dem Taufstein befindet sich auch der hohle Stein, in dem der Reliquienschatz aus der alten Pfarrkirche versteckt war. Habt Ihr ihn entdeckt? Seit einigen Jahren dient er als Kerzenständer und wird als Osterleuchter benutzt.
Und weiter geht es durch das Münster.
An der Rückwand der rechten Seitenkapelle findet Ihr zwei Tafeln aus schwarzem Marmor zum Gedächtnis an zwei Äbte, die im Kloster lebten. Die beiden Totenköpfe auf den Tafeln erinnern daran, dass alle Menschen einmal sterben müssen.
Vor einer der Säulen im Kirchenraum steht auf einem Sockel ein Stein mit römischen Schriftzeichen. Das ist der älteste bearbeitete Stein in Mönchengladbach. Es ist ein Matronenstein, der aus einem heidnischen Heiligtum stammen soll. Eine Matrone ist eine heidnische Schutzgöttin.
Woher der Stein wirklich kommt, weiß man nicht.
Habt Ihr ihn gefunden?

Ganz vorne steht der Altar. Setzt Euch eine Weile in die erste Stuhlreihe und schaut Euch das bunte Fenster in der Mitte an. Es wird Bibelfenster genannt, weil es Geschichten aus der Bibel erzählt. Wenn Ihr die Bilder auf

der rechten Seite von unten nach oben betrachtet, so habt Ihr die ganze Lebensgeschichte von Jesus aus dem Neuen Testament. Vielleicht entdeckt Ihr ja die eine oder andere Szene, die Ihr schon kennt, wie zum Beispiel die Geburt Christi.
Auf der linken Seite findet Ihr die Geschichten aus dem Alten Testament, zum Beispiel die von Jona und dem Fisch. Ein Fernglas wäre beim Betrachten des Fensters eine große Hilfe, denn damit könnt Ihr die einzelnen Bilder im Fenster besser erkennen. Das Fenster ist schon über 700 Jahre alt. Im Laufe der Jahrhunderte mussten nur drei der Scheiben ersetzt werden. Wenn Ihr ganz genau hinschaut, könnt Ihr sogar erkennen, welche Scheiben das sind. Habt Ihr sie entdeckt?
So ein gut erhaltenes altes Kirchenfenster gibt es in Deutschland nur sehr wenige Male. Deshalb haben wir es mit einer ganz besonderen Kostbarkeit zu tun, auf die wir Gladbacher wirklich sehr stolz sein können.

Habt Ihr schon einmal darüber nachgedacht, warum es so viele Bilder in Kirchen gibt?
Früher konnten die meisten Menschen nicht lesen und nicht schreiben. So ließen sie sich die biblischen Geschichten durch Bilder erzählen.
Man kann das mit Bilderbüchern vergleichen, die sich vor allem Kinder ansehen, die noch nicht in der Schule sind und

Eine Krypta ist eine Kirche unter der Kirche. Hier werden meistens Äbte und Bischöfe, aber manchmal auch wichtige Persönlichkeiten begraben.

Die großen Steine oben auf den Säulen werden Kapitelle genannt.

deshalb noch nicht lesen können.

Links vom Altar führt eine Treppe hinunter in die Krypta. Das ist der älteste Raum des Münsters.
Die Decke der Krypta wird durch mächtige Säulen mit schönen Kapitellen gestützt. Die Fenster sind klein. Der Raum wirkt dunkel und ein bisschen geheimnisvoll und feierlich. Und eine gruselige Geschichte gibt es auch.
Seht Ihr die beiden steinernen Särge im hinteren Teil der Krypta? Keine Bange: die sind leer. Schaut sie Euch also ruhig etwas gründlicher an. Denn hier soll etwas ganz Schreckliches passiert sein.

Die Krypta des Gladbacher Münsters

Von den Zechern in der Krypta und dem Fenster, das nicht mehr zu schließen ist

Vor 350 Jahren gab es einen langen, langen Krieg, den man den Dreißigjährigen Krieg nennt.
Auch nach Mönchengladbach kamen Soldaten - damals nannte man sie auch Söldner oder Landsknechte - und brachten den Menschen hier viel Kummer und Sorgen. Zwei dieser Landsknechte setzten sich einmal auf den hinteren Sarg in der Krypta, tranken Wein und Bier und würfelten um Geld. Ein Mann kam dazu, den sie nicht kannten. Der spielte mit und gewann immer. Als die beiden Landsknechte ihr Geld verspielt hatten, hörte der eine auf; der andere wollte unbedingt weiterspielen und rief: „Ich spiele um meine Seele, und wenn mich der Teufel holt!"
Der seltsame Besucher - es war der Teufel - lachte, spielte weiter und gewann wie zuvor. Laut lachend rief er dem Soldaten zu: „Jetzt gehört Deine Seele mir". Im selben Augenblick ertönten in der oberen Kirche der Gesang der Mönche und das Geläut der Kirchenglocken. Das vertrug der Teufel nicht. Er fluchte ganz fürchterlich und schlug mit der Faust so heftig auf die Steinplatte, dass Bier und Wein überschwappten und die Platte einen Riss bekam. Mit fürchterlichem Getöse und

Der Steinsarg des Adelbertus

Schwefelgestank entwich er durch das Seitenfenster.

Noch heute könnt Ihr den Sprung in der Grabplatte und die Stelle, wo die Getränke verschüttet wurden, erkennen. Vielleicht entdeckt Ihr ja auch noch den Fußabdruck des Teufels auf dem Sargdeckel?
Auch diese Geschichte ist nur eine Geschichte, die sich die Gladbacher erzählen. Aber das Fenster lässt sich wirklich nicht schließen. Was immer unternommen wurde, das Fenster zuzumachen – einen Tag später war es wieder offen. Und das stimmt wirklich. Heute sind neue Fenster eingebaut.
Fällt Euch beim Betrachten etwas auf?

Die Heilige Apollonia

Reliquienschrein in der Krypta

Und weiter geht's auf Eurem Entdeckungsgang durch die Krypta.
Neben einem Seitenaltar seht Ihr eine Figur aus Holz. Das ist die Heilige Apollonia. In einer Hand hält sie eine große Zange mit einem Zahn, in der anderen ein Buch. Sie ist die Schutzpatronin der Zahnärzte. Zu ihr beteten die Mütter um Hilfe, wenn ihre Kinder Zahnweh hatten. Die Kinder brachten der Heiligen den ersten Milchzahn, der ausgefallen war.

Seid Ihr noch fit genug, um in die Schatzkammer zu gehen? Dann kommt mit.

Die Schatzkammer des Münsters

Welche wertvollen Schätze werden denn im Münster aufbewahrt? Da sind einmal links neben der Eingangstür Stoffreste hinter Glas zu sehen. Die sollen noch vom Umhang von Abt Sandrad stammen. Ihr erinnert Euch? Das war der erste Abt vom Gladbacher Kloster.

Im Panzerschrank seht Ihr zwei Kopfreliquiare und andere sehr wertvolle Gegenstände, die nicht zu ersetzen sind. Deshalb hat der Schrank auch so dicke Türen, die abends abgeschlossen werden, damit die Schätze vor Dieben sicher sind.

Die Kopfreliquiare enthalten Schädelknochen von St. Vitus und St. Laurentius. Von Vitus habt Ihr schon gehört, dass er der

In Reliquiaren werden Reliquien aufbewahrt. Ein Kopfreliquiar enthält Teile vom Schädel eines Heiligen, ein Armreliquiar Knochenteile vom Arm.

Ein Blick auf den kostbaren Reliquienschrein im Panzerschrank der Schatzkammer

Schutzpatron unserer Stadt ist. Deshalb solltet Ihr schon etwas über ihn wissen. Hier ist seine Geschichte:

St. Vitus – der Schutzpatron von Mönchengladbach

Im 3. Jahrhundert verlebte Vitus seine Kindheit als Sohn eines Senators auf Sizilien. Sizilien liegt tief im Süden von Italien. Zu dieser Zeit gab es noch nicht viele Christen. Die Menschen beteten zu einer Vielzahl von Göttern. Vitus wurde von seinem Lehrer Modestus und seiner Dienerin Crescentia erzogen. Die beiden waren Christen. Als Vitus 12 Jahre alt war, stellte sein Vater fest, dass sein Sohn nicht mehr den alten Göttern Opfer brachte, sondern zu Jesus Christus betete. Das wollte er nicht dulden. Um ihn umzustimmen, überhäufte er seinen Sohn mit Geschenken. Als das nichts nutzte, verprügelte er ihn. Aber es half alles nichts. Vitus blieb bei seinem Glauben an Jesus.

Voller Verzweiflung wandte der Vater sich an den Richter Valerianus. „Schau doch mal, ob Du ihn umstimmen kannst." Valerianus sperrte Vitus ein und ließ ihn schlagen. Es war alles umsonst.

Alle, die Vitus quälten, wurden von Gott bestraft. Sein Vater wurde blind, und die Knechte des Richters konnten ihre Hände nicht mehr bewegen. Obwohl Vitus durch seine Gebete erreichte, dass seine Peiniger durch Wunder wieder von ihren Leiden befreit wurden, ließen sie nicht locker und bemühten sich noch mehr, Vitus von seinem Christenglauben abzubringen.

Damals – es soll im Jahr 287 gewesen sein – ließ der römische

Kaiser Diokletian Vitus zu sich rufen und bat ihn, seinen Sohn von seiner schweren Krankheit - er litt an Epilepsie - zu heilen. Diokletians Sohn wurde wieder gesund.
Statt ihm zu danken, quälte und folterte der Kaiser Vitus. Er ließ ihn in einen Kessel mit kochend heißem Öl werfen und zu einem Löwen in den Käfig sperren. Aus dem Öl kam Vitus unverletzt wieder heraus, und der Löwe legte sich ihm friedlich zu Füßen. Modestus und Crescentia waren immer bei ihm und teilten seine Qualen. Alle drei wurden von Engeln befreit. Diese trugen sie zum Ufer eines Flusses. Hier konnten sie sich nach den schrecklichen Folterungen ausruhen. Sie beteten zu Gott und starben in Frieden. Eine fromme Frau mit Namen Florentina sorgte dafür, dass sie ein würdiges Begräbnis erhielten.

Unter Epilepsie versteht man Krampfanfälle, die durch Störungen im Gehirn hervorgerufen werden.

Wenn Ihr durch Mönchengladbach geht, findet Ihr an vielen Stellen Darstellungen, die an den Schutzpatron Vitus erinnern.
Beispielsweise am Wasserturm, am Münster, an zwei sich gegenüber liegenden Häusern Ecke Kaiser-und Bismarckstraße, am Hoftor der Hensenbrauerei in Waldhausen, in den Grotten neben der Kirche in Hehn als einer der 14 Nothelfer. Und natürlich auch am Gasthaus St. Vith auf dem Markt, am Vitus-Brunnen auf dem Markt links vom Gasthaus, am alten Zeughaus in der Nähe des Gero-Weihers und über

Kopfreliquiar von St. Vitus im Panzerschrank der Schatzkammer

Reliquienbehälter

dem Torbogen zum Rathaus.
Achtet bei Euren Spaziergängen durch die Stadt einmal darauf.

Aber noch seid Ihr ja in der Schatzkammer des Münsters. Neben dem Kopfreliquiar von St. Vitus steht dasjenige von St. Laurentius. Laurentius ist einer der meistverehrten Heiligen der katholischen Kirche.
Als der spanische König Philipp II. das berühmte Kloster El Escorial zu Ehren von St. Laurentius baute, wollte er unbedingt eine Reliquie des Heiligen haben. Er wusste, dass eine solche Kostbarkeit im Besitz des Gladbacher Klosters war, und er bat den Gladbacher Abt, sie ihm zu überlassen. Der war dazu nicht bereit. Es wurden 58 Jahre lang - von 1570 bis 1628 - Briefe geschrieben. Selbst der Papst, der Kaiser, der Kölner Erzbischof und viele andere wichtige Persönlichkeiten unterstützten den Wunsch des spanischen Königs. Aber die Gladbacher Äbte haben es geschafft, ihre Kostbarkeit zu behalten.
Wie Laurentius gelebt hat? Hier könnt Ihr seine Geschichte lesen:

Die Geschichte von St. Laurentius

Als Kaiser Valerian, der die Christen in Rom verfolgte, Papst Sixtus II. festnehmen und enthaupten ließ, war der Diakon Laurentius völlig verzweifelt, weil er nicht mit Sixtus zusammen sterben durfte.
Sixtus tröstete ihn und gab ihm den Auftrag, den Kirchenschatz

an die Armen und Leidenden zu verteilen. Das gefiel dem Kaiser Valerian ganz und gar nicht. Den Schatz wollte er unbedingt selber haben. Laurentius bat Valerian, drei Tage zu warten. In diesen drei Tagen schenkte er alles den armen Christen in Rom. Danach ging er mit ihnen zum Kaiser und sagte zu ihm: „Schau sie dir an. Das sind die wahren Schätze der Kirche". Laurentius wurde vom erbosten Kaiser zu Tode gefoltert.

Der Tragaltar ist der wertvollste Gegenstand der Schatzkammer.

Aber Ihr seid ja immer noch in der Schatzkammer. Was gibt es denn da sonst noch zu bewundern?

In einem Schrein soll sich ein Teil des Tischtuches befinden, das beim letzten gemeinsamen Abendessen von Jesus und seinen Jüngern auf dem Tisch lag. In einem der Schaukästen ist ein mehr als 800 Jahre altes Elfenbeinkästchen ausgestellt.

Als wertvollster Gegenstand in der Schatzkammer gilt ein kleiner Tragaltar. Der Kölner Goldschmied Eilbertus fertigte ihn aus Eichenholz und verzierte ihn mit kostbaren vergoldeten und emaillierten Kupferblechen. Er steht auf vier zierlichen bronzenen Drachenköpfen.

Vor fast 1000 Jahren wurde er zum Beispiel von Bischöfen auf Reisen benutzt, wenn sie einen Altar brauchten, um eine Messe zu lesen.

Kopfreliquiar von St. Laurentius im Panzerschrank

In der Schatzkammer ist auch ein Pappkarton mit dem Nachlass von Anna Schiller.

Ja, und dann gibt es plötzlich etwas zu sehen, was irgendwie nicht zu den Schätzen zu passen scheint. Seht Ihr in einer der Vitrinen den Pappkarton mit den recht armseligen Gegenständen aus unserer Zeit? Was haben die denn in einer Schatzkammer verloren?
Sie gehörten einmal der Frau Anna Schiller. Solange Anna Schiller lebte, war sie sehr, sehr arm. Das Wenige, das sie hatte, teilte sie mit Menschen, die in ihren Augen noch ärmer waren als sie.
Eines Tages erbte sie von ihrer Schwester ein Haus und eine Eigentumswohnung. Auf einmal war sie wohlhabend und hätte ihr Leben erleichtern können.
Doch was tat sie? Sie schenkte alles den Menschen, die nicht einmal ein Dach über dem Kopf haben, den Obdachlosen. Mit dem vielen Geld konnte eine Unterkunft für wohnungslose Männer an der Bettrather Straße eingerichtet werden.
Zur Erinnerung an diese großherzige Frau steht an der Eingangstür: „Anna-Schiller-Haus". Und wenn Ihr besonders gut aufpasst, kommt Ihr bei Eurem Spaziergang über den Abteiberg an einer kleinen Straße vorbei, die „Anna-Schiller-Stiege" heißt.
Anna Schiller starb 1976 im Alter von 86 Jahren. Was Ihr in der Vitrine seht, ist alles, was sie besaß.

Der Ziehbrunnen im Brunnenhof

Wenn Ihr jetzt noch Lust habt, könnt Ihr nach dem Verlassen der Schatzkammer in den Klosterhof gehen. Da steht ein alter Ziehbrunnen. Diesen Teil der Abtei nennt man heute noch „Brunnenhof". Hier gibt es noch geheimnisvolle unterirdische Gänge; aber da kommt man leider nicht hin.

Wie Gladbach eine Stadt wurde

Nach der Gründung des Klosters zogen Benediktiner-Mönche ein, um hier nach den Regeln des heiligen Benedikt zu leben. Die Regeln schreiben den Mönchen vor, zu bestimmten Zeiten zu beten und zu arbeiten. Sie mussten sich um Fischteiche, Äcker und Höfe, Essen und Trinken kümmern. Die dicken Bücher für ihre Bibliothek mussten sie mit der Hand schreiben. Es gab noch keine Schreibmaschinen und keine Buchdruckereien. Das war alles sehr, sehr viel Arbeit. Die Mönche konnten sie nicht alleine schaffen.

Also kamen Menschen, die für die Mönche arbeiten wollten. Es kamen Handwerker mit ihren Familien, die sich um das Kloster herum ansiedelten. Das waren Bierbrauer, Schuhmacher, Schneider, Schreiner, Schmiede und andere.

Bald lebten um das Kloster herum so viele Menschen, dass Gladbach das Recht erhielt, eine Stadt zu sein. Darüber gibt es keine Urkunde und kein genaues Datum. Es muss so um das Jahr 1355 gewesen sein.

In einer Stadt durften Wochenmärkte und Jahrmärkte abgehalten werden. Das war für die Versorgung der Bürger sehr wichtig. Noch heute wird auf dem Kapuzinerplatz und dem Markt dreimal wöchentlich ein Wochenmarkt abgehalten. Und auf den Jahr-

Blick vom Brunnenhof aus auf das Münster

markt oder die Kirmes gehen wir heute noch gerne.
Wenn einem Ort Stadtrechte verliehen wurden, dann war damit die Pflicht verbunden, um die Stadt herum eine Mauer zu bauen. Eine Stadtmauer hat Türme und Tore.
Von den Türmen aus konnten Wächter beobachten, wenn sich jemand der Stadt näherte. So konnte niemand ungesehen die Stadt betreten. Besucher, die nicht erwünscht waren, wurden erst gar nicht hineingelassen.
Die Tore wurden jeden Abend, wenn es dunkel wurde, geschlossen und am Morgen bei Sonnenaufgang wieder geöffnet. Die Menschen in der Stadt konnten sich also recht sicher fühlen.
Wenn Feinde sich näherten, konnten die Bürger sie rechtzeitig wahrnehmen und alles für die Verteidigung ihrer Stadt vorbereiten.
Wollt Ihr sehen, was von dieser Mauer noch erhalten ist?
Kommt mit! Vom Münsterplatz aus führen Treppen hinunter zum Geroweiher. Der Gladbach, den Ihr ja schon kennen gelernt habt, ist hier unten einmal geflossen, fließt auch heute noch dort, aber unter der Erde. Wenn es mucksmäuschenstill ist, könnt Ihr ihn vielleicht hören. Wirklich?
Seht Ihr den Geroweiher? Der lag früher außerhalb der Stadt und war sehr groß. Das könnt Ihr ohne weiteres

Stadt mit Stadtmauer und Abteikirche (um 1650)

nachvollziehen, wenn Ihr Euch den Rest der Stadtmauer und des Stadtturms anseht. Der Geroweiher ist das, was von den zahlreichen großen Fischteichen übrig geblieben ist.
Wenn Ihr heute den Weg an den Resten der Stadtmauer entlang verfolgt, dann könnt Ihr erkennen, wie klein unsere Stadt vor über 100 Jahren noch war. (Die Mauer war gerade mal 1,2 km lang. Die Gesamtfläche war nicht mehr als 11 ha groß.)
Weitere Reste der Stadtmauer mit Tor wurden erst jetzt bei der Renovierung der Hindenburgstraße gefunden.
Wenn Ihr in Höhe der Straße „An der Stadtmauer" einmal auf den Boden schaut, dann seht Ihr mitten im Straßenpflaster rote Steine, die die Stelle markieren, wo einmal ein Stadttor war.
Wieso gibt es die Reste der Stadtmauer eigentlich noch?
Ganz einfach: Die Mauer wurde nicht auf einmal abgerissen, sondern immer nur Teilstücke, nämlich da, wo für neue Straßen und Häuser Platz geschaffen werden musste. Heute sind wir froh darüber, dass es diese Beweise für den alten Stadtkern gibt.

Hier war früher ein Stadttor.

Der Geroweiher heute

Seid Ihr inzwischen müde geworden?
Dann könnt Ihr Euch bei schönem Wetter auf der Wiese am Weiher ausruhen, den Enten zuschauen und vielleicht ein kleines Picknick veranstalten. (Aber bitte keine Abfälle hin-

terlassen. Sähe ja sehr schmuddelig aus!)
Ein paar Schritte weiter findet Ihr einen großen Spielplatz. Und was auf einem Spielplatz zu tun ist, wisst Ihr selbst am besten.

Vom Geroweiher kommt Ihr über die Weiherstraße wieder hinauf zum Alten Markt. Der Weg führt an einer alten Wasserpumpe vorbei. Die hat früher einmal auf dem Markt gestanden. Das Haus gegenüber der Pumpe ist das „Alte Zeughaus". Hier befindet sich heute das Karnevals-Museum.

Reste der Stadtmauer am Geroweiher

Vor über 100 Jahren, als die Häuser noch keine Wasserleitungen hatten, gab es viele solcher Pumpen in der Stadt und in den Häusern. Pumpen waren schon ein Fortschritt; denn davor gab es nur Ziehbrunnen. Hier holten die Menschen das Wasser, das sie zum Trinken, Kochen, Waschen und Putzen benötigten. Sie trafen dort Freunde und Bekannte und erzählten mit ihnen.
Wer nicht in der Nähe eines Brunnens wohnte, hatte große Mühe, Eimer mit Wasser nach

Die Pumpe vor dem „Alten Zeughaus"

Hause zu schleppen. Ihr könnt Euch vorstellen, dass es da mit der Sauberkeit nicht so weit her war. Die Menschen haben nicht jeden Tag frische Wäsche angezogen. Da wurde vielleicht einmal in der Woche ein Zuber (große Badewanne) mit warmem Wasser gefüllt, und darin badeten nacheinander alle Familienmitglieder. Verständlich, wenn da niemand der Letzte sein wollte.

Bei Eis und Schnee war das Wasserholen besonders mühsam. Da verwandelten sich die Wege in Rutschbahnen. Für Kinder war das sicher ein Vergnügen. Aber wer einen vollen Eimer Wasser schleppte, musste höllisch aufpassen, nicht auszurutschen und hinzufallen.

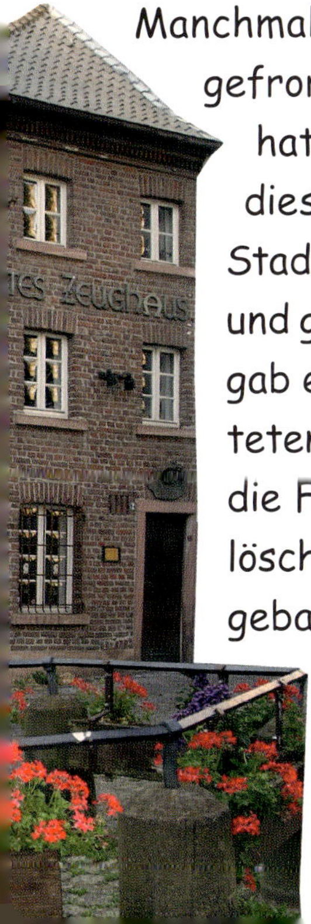

Manchmal gab es kaum Wasser, z.B. wenn es im Winter stark gefroren oder wenn es im Sommer lange nicht geregnet hatte. Könnt Ihr Euch vorstellen, wie schwierig unter diesen Umständen das Löschen war, wenn es in der Stadt brannte? Dann bildeten die Menschen eine Kette und gaben mit Wasser gefüllte Ledereimer - Blecheimer gab es noch nicht - von Hand zu Hand weiter und schütteten am Ende der Kette das Wasser aus den Eimern in die Flammen. Es war ganz, ganz schwer, einen Brand zu löschen, vor allem auch, weil fast alle Häuser aus Holz gebaut und die Dächer mit Stroh oder Holzschindeln gedeckt waren. Damit ein Feuer nicht auf Nachbarhäuser übergreifen konnte, gab es zwischen

Zeughaus nennt man ein Gebäude, in dem Waffen, Uniformen und Kriegsgerät aufbewahrt wurden.

Schindeln sind Holzbrettchen, die man an Stelle von Dachziegeln für das Decken von Dächern verwandte.

den Häusern schmale Gänge.
Trotzdem zerstörte das Feuer, das am 2. Juni 1652 in einer Scheune ausbrach, innerhalb von drei Stunden 144 Häuser, 60 Scheunen und 2 Brauhäuser. Von der Stadt war da nicht mehr viel übrig.
Inzwischen müsstet Ihr wieder oben auf dem Markt angekommen sein. Am Ende des Marktes führt eine Gasse, die Turmstiege, zu einem Stadtturm, der noch erhalten ist. Das ist der Krapohlsturm.
Heute wird er „der Dicke Turm" genannt. Die Bruderschaften haben hier einen Treffpunkt. Sie zeigen in den Räumen Gegenstände ihrer langen Geschichte und feiern fröhliche Feste.

Unser Stadtwappen

Ein Stadtwappen ist so etwas wie ein Firmenzeichen. Heute sagt man auch Logo. Es soll auf die Besonderheiten einer Stadt hinweisen. Was sind die Besonderheiten von Mönchengladbach?
Die lassen sich besonders gut mit Hilfe des alten Gladbacher Stadtwappens erklären.
Der Heilige Vitus, der Schutzpatron unserer Stadt, ist in der oberen Hälfte des Wappens abgebildet, umgeben von 14 blauen Sternen, die für die 14 Nothelfer stehen.
In der Entstehungsgeschichte der Stadt spielt der Gladbach eine wichtige Rolle. Das wisst Ihr bestimmt noch. Das ist

der Bach am Fuße des Münsters, von dem Ihr schon im Kapitel über die Klostergründung gehört habt. Er wird durch das blaue Band dargestellt, das das Wappen in zwei Hälften teilt. In der unteren Hälfte ist ein Löwe zu sehen. Der Löwe gehört zum Wappen der Herzöge von Jülich, die die Landesherren und gleichzeitig die Schutzherren des Klosters waren.

Das alte Wappen von Rheydt hat zweimal 6 rote Querbalken auf goldenem Grund. Die stammen aus dem Wappen der Herren von Heppendorf, der früheren Besitzer von Schloss Rheydt. (Darüber werdet Ihr im Kapitel „Schlösser" mehr erfahren). Die beiden schwarzen Kreuze auf goldenem Grund gehören zum Wappen der Herren von Bylandt, der letzten Besitzer des Schlosses.

Im Jahr 1975, als einige bis dahin selbständige Ortschaften unter die Verwaltung von Mönchengladbach kamen, war es notwendig, das Wappen zu ändern.
So wie auf der linken Seite abgebildet, sieht unser Stadtwappen heute aus. Wenn Ihr die alten Wappen mit dem neuen vergleicht, findet Ihr Merkmale der alten Stadtwappen von Rheydt und Wickrath im neuen Wappen wieder. Der Abtsstab auf blauem Grund steht für die Benediktiner-Mönche des Gladbacher Klosters, das schwarze Kreuz für die Herren von Bylandt, die in Rheydt das Sagen hatten, und die Zinnen findet Ihr im Wappen der Herren von Quadt in Wickrath wieder.

Die Wasserversorgung der Stadt

Ohne Wasser können auf der Erde weder Menschen noch Tiere noch Pflanzen existieren. Wasser ist ein kostbarer Rohstoff. Ihn wissen besonders die Menschen zu schätzen, die davon zu wenig haben. Aus Cowboy-Filmen wisst Ihr vielleicht, dass es unter den Siedlern Amerikas Streit um Wasser gab. Und es wird gesagt, dass in Zukunft Kriege um Wasser geführt werden. Dass Kriege um Öl geführt werden, habt Ihr sicher schon gehört. Aber um Wasser?

Für uns ist es eine Selbstverständlichkeit, dass wir hier in Mönchengladbach viel und besonders gutes und wohlschmeckendes Wasser haben. Das war auch für die Mönche damals der Grund, warum sie hier ihr Kloster bauten.
In der Stadt und der Umgebung gab es Brunnen, aus denen die Leute ihr Wasser schöpften und in ihre Häuser trugen. Es gab eine Menge Probleme bei der Wasserversorgung, aber das habe ich Euch ja alles schon früher erzählt.
Das Brunnenwasser war nicht immer sauber. Vor allem lernte man im Laufe der Zeit, dass Epidemien durch verschmutztes Wasser entstehen können.
Das ist heute noch so. Wegen der guten Wasserqualität wurden die Gladbacher Bürger selten von solchen Seuchen heimgesucht. Jedenfalls wurde darüber nichts aufgeschrieben.
Irgendwann reichten die Brunnen nicht mehr aus.

Epidemien sind ansteckende Krankheiten - wie zum Beispiel Durchfall, Cholera, Typhus oder die Pest. Wenn eine Epidemie ausbricht, werden viele Menschen gleichzeitig angesteckt.

Bild linke Seite:

Ehemalige Textilfabrik am Platz der Republik

Wahrzeichen sind bestimmte Gebäude, Brücken, Plätze, die eine Stadt besonders kennzeichnen.

Vor ungefähr 150 Jahren entstanden in Mönchengladbach die ersten Fabriken. Die brauchten dringend Arbeiter. So wuchs die Bevölkerung in der Stadt um ein Vielfaches.
Wegen der Fabriken mit ihren Maschinen und der wachsenden Bevölkerung wurde sehr viel mehr Wasser gebraucht. Deshalb begann man vor über 100 Jahren, ganz große Brunnen zu bauen. Deren Wasser wurde in Wassertürmen mit riesigen Wasserbehältern gesammelt.

Gleichzeitig wurden Rohrleitungsnetze gebaut, damit das Wasser zu den Häusern und den vielen neuen Fabriken transportiert werden konnte. Rohrleitungen waren aber auch wichtig für das Aufnehmen des Schmutzwassers. Bisher versickerte es im Boden oder gelangte in die Weiher, die Niers und den Gladbach.
Wie gefährlich das für die Menschen, aber auch für die Natur ist, habt Ihr sicher schon einmal gehört.

Der Wasserturm in Rheydt ist von der Straße aus zu sehen.

In Mönchengladbach entstanden fünf Wassertürme: in Dahl (1880), in Rheydt am Reststrauch (1890), in Wickrath (1905), in Mönchengladbach auf der Viersener Straße (1909) und in Rheindahlen (1913).

Wasserturm Viersener Straße

Der Wasserturm an der Viersener Straße gilt als der schönste in Deutschland. Es wird sogar behauptet, dass er zu den schönsten der Welt zählt. Jedenfalls gehört er zu den besonderen Sehenswürdigkeiten unserer Stadt.
Man sagt, er ist ein Wahrzeichen.

Der Wasserturm versorgt die Bürger der Stadt auch heute noch mit Wasser. Wenn Ihr den Wasserturm von außen betrachtet, entdeckt Ihr auf der Vorderseite das alte Stadtwappen.
Erinnert Ihr Euch? Sonst schlagt noch einmal im Kapitel „Stadtwappen“ nach.

Unter dem Stadtwappen vor dem Wasserturm steht ein Kreuz. Das stand schon 200 Jahre an dieser Stelle, bevor der Wasserturm gebaut wurde.
Davor haben die Menschen gekniet und gebetet, dass

Das Hagelkreuz vor dem Gladbacher Wasserturm

Archäologen sind Wissenschaftler, die durch Ausgrabungen das Leben der Menschen in früheren Zeiten erforschen.

Ein Observatorium oder eine Sternwarte ist ein Ort mit wissenschaftlichen Instrumenten für die Beobachtung des Weltalls.

die Ernte auf den Feldern nicht von Unwettern, vor allem Hagel, vernichtet werden sollte. Deshalb wird das Kreuz Hagelkreuz genannt.
Nach diesem Kreuz ist die Straße benannt, die vom Wasserturm zum Bunten Garten führt.

Also: der Wasserturm sorgt dafür, dass die Menschen in der oberen und unteren Stadt das ganze Jahr über mit gleichmäßigem Druck ihr Wasser aus der Wasserleitung bekommen.

Für Euch besonders interessant:
Von April bis Oktober könnt Ihr an jedem ersten Samstag im Monat den Wasserturm besichtigen.

Auf Eurem Entdeckungsgang durch den Turm wird Euch ein freundlicher Erwachsener begleiten. Er (oder sie) wird Euch den riesigen Wasserbehälter zeigen, viel über die Wasserversorgung erzählen und Eure Fragen beantworten.

Wenn Ihr nach 234 Stufen ganz oben im Turmstübchen angekommen seid, werdet Ihr bei einem Blick aus den Fenstern überrascht feststellen, wie grün Eure Stadt von oben betrachtet aussieht.
Bei ganz klarem Wetter kann man - fast - den Kölner Dom sehen. (Wirklich?)

Wasserturm Rheindahlen

Im Wasserturm in Rheindahlen gibt es einiges zu bestaunen. Hier ist ein archäologisches Museum untergebracht.
Es werden Werkzeuge, Speerspitzen und Geräte ausgestellt, die beweisen, dass sich bei uns schon vor 400.000 Jahren Frühmenschen aufhielten. Diese Zeit wird Steinzeit genannt.
Sie heißt so, weil es noch keine Geräte aus Metall oder Kunststoff gab, sondern nur solche aus Holz oder Steinen. Einige Funde sind so bedeutend, dass sie bei Archäologen in ganz Europa bekannt sind.
Es lohnt sich, einen Ausflug dorthin zu machen und sich anzusehen, wie geschickt unsere Vorfahren in der Steinzeit waren.

Der Wasserturm in Rheindahlen liegt sehr versteckt in einem kleinen Wald.

Auf dem Gelände befindet sich außerdem eine Messstation. Hier wird gemessen, wie lange das Regenwasser braucht, bis es im Boden versickert ist.
Wozu das gut ist? Da fragt Ihr am besten die Experten an Ort und Stelle.
Aber jetzt kommt's: Hinter dem Wasserturm ist ein Observatorium.
Hier kann man in sternenklaren Nächten die Sterne beobachten. Bekommt Ihr nicht Lust, einmal einen Abend dort zu verbringen?

Wasserwerk Helenabrunn

Wenn Ihr neugierig seid zu erfahren, wie heute die Wasserversorgung unserer Stadt funktioniert, dann besucht doch einmal das Wasserwerk in Helenabrunn.
Was daran für Euch interessant ist?
Ihr könnt hier eine Menge über Wasser lernen, selber Experimente machen und an Ort und Stelle probieren, wie gut Wasser schmeckt, bevor es viele Kilometer durch Rohrleitungen geflossen ist und bei Euch zu Hause aus der Leitung kommt.

Im Wasserwerk gibt es einiges zu entdecken.

Wenn Ihr Euch im Wasserwerk ausreichend infor-

miert und auch selbst Experimente gemacht habt, gibt es anschließend Gelegenheit, draußen auf dem Gelände Spiele mit Wasser zu machen und viel Spaß zu haben.

Außerdem findet ihr vor dem Gelände des Wasserwerks einen sehr schön angelegten Natur- und Steingarten. Hier werden die verschiedenen Gesteinsarten gezeigt und auf bebilderten Tafeln erklärt. Der größte Brocken ist ein Findling mit mehr als 22 Tonnen Gewicht.

Sollte es für Euch schwierig sein, zum Wasserwerk zu fahren, dann schlagt doch vor, Euren nächsten Klassenausflug dorthin zu machen.

Natur- und Steingarten am Wasserwerk Helenabrunn

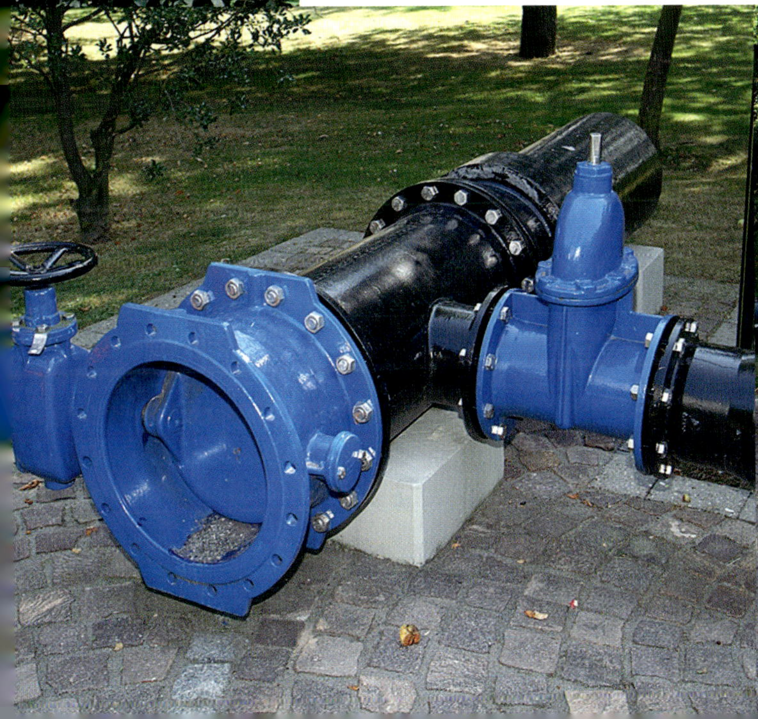

Schlösser

Schlösser wurden von den Reichen und Mächtigen dieser Welt gebaut. In unserem Land waren es vor allem die Adeligen, die in Schlössern wohnten. Zum Adel gehören Kaiser, Könige, Fürsten, Herzöge, Grafen, Edelleute und Ritter. Der mächtigste Mann war immer der Kaiser.
Adelsfamilien gibt es heute noch, und manchmal leben sie auch noch in ihren Schlössern; aber wirkliche Macht haben sie nicht mehr.

In Mönchengladbach haben nie Kaiser und Könige, Herzöge oder Fürsten gelebt. Deshalb haben wir auch nicht so große und imposante Schlösser wie anderswo in Deutschland, zum Beispiel in Bayern, wo vor allem Ludwig II. unglaublich viel Geld für den Bau prachtvoller Schlösser ausgegeben hat.
Wir haben nicht so viele Schlösser, und sie sind auch viel bescheidener. Aber es gibt sie. Wieso eigentlich?

Vor rund 2000 Jahren, also ungefähr zu der Zeit, als Jesus geboren wurde, hatten bei uns die Römer das Sagen. Die Römer kamen - wie ihr Name schon sagt - aus Rom. Rom - das war nicht nur die Stadt, wie wir sie heute kennen - es war ein Staat, der so mächtig war, wie es heute Amerika ist.
Und was tun die Mächtigen? Sie dringen in andere Länder ein, unterwerfen die Menschen, zwingen ihnen Steuern und Gesetze

Bild linke Seite:

Das Schloss Myllendonk in den Auen der Niers

auf, bauen Befestigungsanlagen und Städte, um ihre Macht zu festigen und zu verteidigen.
Manchmal bringen sie auch sehr gute Ideen mit. Die Römer haben Straßen und Wasserleitungen gebaut und kannten auch schon Fußbodenheizungen und Bäder.
Sie verloren ihre Macht so um das Jahr 400 an die Franken, die von den Römern als mutige Krieger respektiert und gefürchtet wurden.
Nachdem die Römer aus unserer Gegend abgezogen waren, passierte hier eine Zeitlang nichts, bis die Franken um das Jahr 600 die Macht übernahmen.

Ein Frankenkönig war viel unterwegs und auf Eroberungszügen. Damit ihm die eroberten Gebiete nicht verloren gingen, sobald er ihnen den Rücken gekehrt hatte, lieh oder schenkte er Menschen, die ihn begleitet hatten und denen er vertraute, das eroberte Land, damit sie dort in seinem Namen für Ordnung sorgten.
Diese Gefolgsleute wohnten dann in Häusern, die so gebaut wurden, dass sie ihren Bewohnern Schutz boten. Häufig wurden diese großen Häuser zu Burgen ausgebaut. Von hier aus wurde der Herrschaftsbereich des Königs (später dann auch des Kaisers) verwaltet und verteidigt, wenn es Krieg gab.

Die Franken waren ein westgermanischer Stammesverband. Die Bezeichnung Franken stammt von den Römern. Sie bezeichneten damit Freie und Kühne.

Die Menschen der Umgebung konnten sich bei Gefahr in den Burgen in Sicherheit bringen. Als Gegenleistung für den Schutz verlangte der Burgherr von ihnen regelmäßig einen Teil ihrer Ernten oder ihres Viehs. Außerdem mussten sie seine Felder mit bearbeiten, ohne dass sie dafür entlohnt wurden.

Damals spielte Geld noch nicht die Rolle, die es heute spielt. Heute bezahlen die Menschen dem Staat Steuern dafür, dass er Straßen, Kindergärten, Schulen und vieles mehr zur Verfügung stellt und für die Sicherheit der Menschen sorgt.
Wo es möglich war, wurden Burgen auf einem Berg gebaut. Von der Höhe aus war eine Gegend gut zu übersehen und zu kontrollieren. Viele solcher Burgen findet Ihr zum Beispiel heute noch am Rhein.
Im flachen Land suchte man die Bauplätze für die Burgen in wasserreichen Gegenden. Eine Anlage in der Ebene wurde von Erdwällen und Wassergräben umgeben.
Die Wälle waren meistens dicht mit undurchdringlichem Gestrüpp bepflanzt. Über die Wassergräben führten Brücken, die man hochziehen konnte, wenn unerwünschte Besucher in Sicht waren.

In früheren Zeiten wurde sehr viel mit Holz gebaut.
Wie Ihr wisst, ist Holz nicht so haltbar wie Stein. Vor allem brennt es sehr schnell. Deshalb gibt es von diesen ersten Burgen auch kaum noch Überreste. Anstelle der Holzgebäude wurden Burgen aus Stein mit Mauern und Türmen gebaut.

Burgen und Schlösser sind oft von Wasser umgeben.

Als sich Lebensverhältnisse, Kriegstechnik und Waffen änderten, verloren die Burgen ihre ursprüngliche Bedeutung als Festung. Sie wurden aufgegeben oder abgerissen, denn sie waren kalt und zugig und zum Wohnen nicht besonders schön und bequem. Viele Burgen wurden später zu Schlössern umgebaut.

Schloss Rheydt

Genau an der Stelle, wo heute das Schloss steht, gab es schon vor dem Jahr 1100 eine Burg.

Das Schloss Rheydt ist ein Wasserschloss.

Es wäre für Euch ziemlich kompliziert und mit Sicherheit auch langweilig, wenn Ihr jetzt die ganze Geschichte des Schlosses und seiner Bewohner lesen müsstet.

Nur so viel: Die ersten bekannten Bewohner von Schloss Rheydt waren die Herren von Heppendorf. Die letzten dieser Familie, die hier herrschten, waren gefürchtete Raubritter, die immer wieder für Ärger sorgten, weil sie Reisende überfielen und ausraubten. Als sie eines Tages dann auch noch Geistliche überfielen, reichte es dem Kölner Erzbischof, und er beschwerte sich bei Kaiser Friedrich III. Der sprach 1443 die Reichsacht über Gerhard von Rheydt aus. Das bedeutete, dass jeder ihn

töten durfte, ohne dafür bestraft zu werden. Was mit Gerhard danach passierte, weiß man nicht. Wäre das nicht ein Stoff für eine spannende Geschichte?
Als die Familie von Heppendorf keine Nachfolger mehr hatte, kamen so um das Jahr 1500 die Herren von Bylandt nach Rheydt. Sie bauten das Schloss neu, fast so, wie Ihr es heute noch seht. Die Familie Bylandt wohnte hier bis zum Jahr 1794. Heute gehört das Schloss der Stadt Mönchengladbach.

Schloss Rheydt ist ein Wasserschloss. Was das ist, wisst Ihr ja schon. Wenn Ihr heute über die Brücke in den Vorhof des Schlosses geht und nach oben schaut, seht Ihr im Torbogen noch die Schlitze, durch die die Ketten der Zugbrücke liefen.
Über einen gepflasterten Innenhof geht Ihr durch einen zweiten Torbogen in einen zweiten Innenhof. Um dahin zu gelangen, müsst Ihr erst durch den Kassenraum des Schloss-Museums gehen.
Hier steht gleich an der Türe links ein Ritter, der sich freut, wenn Ihr ihm zur Begrüßung die eiserne Hand schüttelt.
Wenn Ihr diesen Raum verlasst, liegt das eigentliche Schloss - es wird „Herrenhaus" genannt - vor Euch. Davor ist eine Turnierwiese. Die Bezeichnung erinnert an Ritterspiele.
Seit vielen Jahren gibt es auf der Turnierwiese und dem Innenhof Pfauen. Wenn Ihr Glück habt, könnt Ihr sehen, wie sie Ihre wunderschönen Schwanzfedern zu riesigen Fächern entfalten.

Um zum Eingang des Herrenhauses zu kommen, müsst Ihr noch mal eine Brücke überqueren, die über einen weiteren Graben führt. Die Erbauer haben wirklich etwas für ihre Sicherheit getan. Das Schloss ist heute ein Museum.
Im Außengelände findet Ihr unterirdische Kasematten.
Weil es nach dem Bau dieser Kasematten aber keine kriegerischen Auseinandersetzungen um Schloss Rheydt gegeben hat, wurden sie auch nie benutzt. Trotzdem solltet Ihr hinunter steigen und Euch die Räume ansehen, um mehr über Sinn und Zweck solcher Anlagen zu erfahren.

Schloss Wickrath

Schloss Wickrath war um das Jahr 1100 ebenfalls eine Wasserburg. Zwischen 1746 und 1772 wurde eine neue Schlossanlage erbaut.

Aber schon knapp 100 Jahre später war das Hauptgebäude so baufällig, dass es abgerissen werden musste.

Danach wurde im Schloss eine Pferdezucht eingerichtet, die aber bald schon eingestellt werden musste.

Heute kann man in den Nebengebäuden wieder Pferde bewundern oder beim Reiten auf dem Schlossgelände zuschauen. Es

Kasematten sind unterirdische Räume oder Gänge mit Schießscharten. Sie wurden gebaut, damit ein Schloss besser verteidigt werden konnte. Hier wurden Soldaten und Waffen untergebracht.

lohnt sich, in den „Nassauer Stall" zu gehen. Hier sind zwar keine Pferde mehr untergebracht, aber Ihr könnt Euch ansehen, wie edel früher Pferdeställe waren. Alte Futterkrippen gibt es auch noch.

Für Euch lohnt sich ein Besuch in Schloss Wickrath nicht nur wegen der Pferde.

In dem wunderschönen Park könnt Ihr spazieren gehen. Der Spielplatz wird Euch begeistern. Ihr könnt auf Bäume klettern oder nach Herzenslust mit Wasser spielen.

Wenn Ihr in den Sommermonaten sonntags Schloss Wickrath besucht, ist auch das Vogelkunde-Museum geöffnet, wo Ihr heimische Vögel aus der Nähe betrachten und einiges über sie lernen könnt.

Nicht weit vom Schloss entfernt ist das Schlossbad mit einem Hallen- und Freibad.

Der Spielplatz im Park vom Wickrather Schloss

Der Eingang zum Schloss Myllendonk

Schloss Myllendonk

Es ist eigentlich nicht ganz korrekt, wenn wir Schloss Myllendonk der Stadt Mönchengladbach zuordnen.

Denn in Wirklichkeit gehört es ja zu Korschenbroich. Aber es liegt so sehr an der Grenze von Mönchengladbach, dass Ihr auf jeden Fall daran vorbeikommt, wenn Ihr zum Beispiel von Schloss Rheydt mit dem Fahrrad an der

Niers entlang zum Flughafen oder zur Trabrennbahn fahrt oder zu Fuß daran vorbeikommt.

Und beim Anblick eines so schönen Schlosses wird man doch neugierig. Oder?

Auch Schloss Myllendonk ist ein Wasserschloss, das schon um 1100 schriftlich erwähnt wurde. Es wurde auf Pfählen in den Feuchtgebieten der Niers gebaut und ist von zahlreichen Wassergräben und Teichen umgeben.

Heute wird das Schloss noch von seinen Eigentümern bewohnt. Und weil es sehr viel Geld kostet, so ein Schloss in Ordnung zu halten, hat die Familie das Gelände an einen Golfclub vermietet.

Im Park vom Schloss Myllendonk wird heute Golf gespielt.

Der Golfclub Schloss Myllendonk nutzt den prächtigen Schlosspark für die Golfspielbahnen und ein Übungsgelände.

Wenn Ihr Lust habt, Golf spielen zu lernen, könnt Ihr Euch im Golfclub melden. Golftraining für Kinder und Jugendliche kostet nicht viel.

Das Schloss selbst könnt Ihr nicht besichtigen. Aber Ihr könnt nahe genug herankommen, um Euch von der Brücke aus einen Eindruck zu verschaffen.

Parks in Mönchengladbach

Bild linke Seite:

Abendstimmung am Geroweiher

Gärten und Parks, die nur für das Vergnügen von Menschen angelegt wurden, gibt es seit langer, langer Zeit. Von den Parks, die vor 500 Jahren angelegt wurden, sind viele heute noch berühmt und werden von Menschen von nah und fern besucht.

Der Nachteil dieser Parks war, dass sich dort nur ganz wenige Menschen aufhalten durften, das heißt die Parks waren privat und nicht für die Öffentlichkeit bestimmt.

Erst vor etwas mehr als 100 Jahren, als immer mehr Menschen in die Städte zogen, wo sie in engen, düsteren, oft feuchten Wohnungen ohne Balkon oder Garten lebten, machte man sich Gedanken darüber, wie wichtig es gerade für diese Menschen war, Grünanlagen zu haben, wo sie frische Luft schöpfen und sich erholen konnten. Damals fingen die Städte an, öffentliche Parks anzulegen.

Auch in Mönchengladbach entstanden zu dieser Zeit einige Parks.

Der Bunte Garten

Der größte Park in Mönchengladbach ist der Bunte Garten. Er wurde nach und nach angelegt und besteht aus mehreren Teilen. Zuerst entstand der Kaiserpark, der gleich hinter der Kaiser-Friedrich-Halle beginnt.

Die Kaiser-Friedrich-Halle vom Bunten Garten aus betrachtet

Die Kaiser-Friedrich-Halle wurde 1903 eingeweiht. Zu der Feier kam Prinz Eitel Friedrich als Vertreter des Kaisers. Könnt Ihr Euch vorstellen, was da los war?

Im Sommer werden sonntags Konzerte gegeben. Orchester, Musikgruppen, Chöre spielen und singen in der Konzertmuschel. Konzertmuscheln wurden extra gebaut, damit die Zuhörer, die davor stehen, besser hören können. Für die Mitwirkenden ist es natürlich sehr angenehm, dass sie bei Regenwetter nicht nass werden.

Den Skulpturen auf den Bildern werdet Ihr neben anderen auf Eurem Weg durch den Bunten Garten begegnen.

Die Konzertmuschel an der Kaiser-Friedrich-Halle

Einige der Skulpturen im Bunten Garten

Wenn Ihr alle gefunden habt, dann habt Ihr sehr gut aufgepasst.

Die Grabstätte von Louise Gueury im Botanischen Garten

An den Kaiserpark schließt sich der „Botanische Garten" mit seinen vielen Bäumen, Sträuchern, Kräutern und Blumen an. Wundert Euch nicht, wenn Ihr plötzlich vor alten Grabsteinen und -kreuzen steht.
Hier war früher ein Friedhof.

Im Botanischen Garten könnt Ihr eine Vielzahl von Bäumen, Sträuchern und Pflanzen bewundern. Wenn Ihr eine Pflanze nicht kennt, braucht Ihr nur auf das Schildchen am Boden zu schauen, und Ihr erfahrt den Namen und einiges Wissenswerte.
Der Tast- und Duftgarten ist vor allem für blinde Menschen wichtig. Die Pflanzen sind auf Hochbeeten angelegt, so dass die Menschen sich nicht zu bücken brauchen. Die Schilder sind in

„Lichtstele" von Heinz Mack

Blindenschrift ist eine besondere Schrift, die Menschen, die nicht sehen können, mit ihren Zeigefingern ertasten und „lesen" können.

Blindenschrift beschrieben.
Im Apothekergarten könnt Ihr etwas über Heilpflanzen erfahren, die bei Husten und Schnupfen und sonstigen Beschwerden helfen können, dass man wieder gesund wird.
Dann gibt es noch einen alpinen Teil, den Steingarten. Hier wachsen Blumen und Sträucher, die im Gebirge zu Hause sind.
Direkt neben dem Botanischen Garten befindet sich ein toller Spielplatz. Da könnt Ihr bei Eurem Spaziergang eine Pause einlegen. Euer Weg dorthin führt an einer Volière vorbei.
Eine Volière ist ein riesiger Vogelkäfig. Heimische und fremdländische Vögel haben hier ihr Zuhause.
Nach dem Spielen geht es weiter zu dem Teil des Parks, der so viele schöne bunte Blumenbeete hat, Wasserstellen und eine große Wiese. Im Sommer liegen hier die Leute, genießen die Sonne, und Kinder können nach Herzenslust spielen.
Viele alte Gladbacher kennen diesen Teil des Parks noch als Rosengarten. Er wurde aus Anlass der Rosenschau 1928 angelegt.
Am Ende des Parks steht ein Pilz. So wird ein Unterstand genannt, unter dem man bei Regen Schutz finden kann. Dieser Pilz hatte einmal ein Strohdach. Weil besonders törichte und verantwortungslose Leute dieses Dach aber immer wieder in Brand steckten, hat der „Pilz" heute lei-

Die Volière im Botanischen Garten

der ein Metalldach.
Wer nun noch weiter gehen will, geht durch eine Unterführung in den letzten Teil des Parks, der zum Städtischen Friedhof führt.
Kurz vor dem Ende des Bunten Gartens führt ein Weg rechts zu einer Mini-Golf-Anlage mit 18 Bahnen.
Wie wär's mit einer Runde?

Der Volksgarten

Der Volksgarten ist ein Beispiel dafür, was Bürger für ihre Stadt und die Menschen, die darin leben, tun können, wenn sie Ideen und vor allem auch Geld haben.

Johann Peter Krall war so ein Bürger. Ihm gehörte eine Asphalt- und Dachpappenfabrik. Später gründete er eine Textilfirma. Er war kein armer Mann. Im Jahre 1878 kaufte er in der Bungt (das ist ein Teil des Volksgartens) ein Stück Wald, kaufte immer mehr dazu bis er 1893 sage und schreibe so um die 17 ha besaß. Erinnert Ihr Euch daran, dass die Stadt Gladbach zur Zeit der Benediktiner-Mönche nur 11 ha groß war?
Im Winter, wenn seine Arbeiter nicht so stark beschäftigt waren, ließ Peter Krall sie Wege anlegen. Und jeder, der Lust auf einen Spaziergang hatte, konnte durch den Wald gehen.
Ja, und dann kam das Besondere. Johann Peter Krall vererbte

Der Peter-Krall-Stein im Volksgarten

den Wald der Stadt Mönchengladbach, machte aber zur Bedingung, dass dieser auch in der Zukunft für die Bürger der Stadt genutzt werden sollte.
So ein großzügiges Geschenk nahmen die Stadtväter begeistert an. Sie hielten sich auch an die Bedingungen, die Herr Krall daran knüpfte, was bei solchen Schenkungen leider nicht immer der Fall ist.
Ein großer Stein mit einer Plakette erinnert an Johann Peter Krall.

Ein weiteres Landgeschenk kam von der Firma Busch und Hoffmann. Diese Firma verlangte dafür von der Stadt, dass der größte Teil dieser Fläche für Jugend- und Volksspiele hergerichtet werden sollte. Auch hier hielt sich die Stadt an die Abmachung! Sie erweiterte sogar das Gebiet und baute das Volksbad, das im Juni 1926 fertig war. Viele von Euch waren sicher im Sommer schon zum Schwimmen dort.
Außerdem spendete die Familie Hoffmann viel Geld, damit am Weiher ein Restaurant gebaut werden konnte.

Bis heute ist der Teil des Volksgartens an der Peter-Krall-Straße mit dem schönen Weiher ein Park mit vielen Sport- und Spielmöglichkeiten geblieben. Hier können Kinder spielen, die Enten und Schwäne auf dem Weiher beobachten und in den Sommermonaten Kahn fahren.
Die Radrennbahn im Volksgarten ist erhalten geblieben. Heute

wird auf diesem Gelände jedoch Fußball gespielt. Hier ist auch ein beliebter Treffpunkt für Radfahrer, Walker und Jogger.
Es gibt auch Übungsanlagen für Bogenschießen und Sportschießen; allerdings dürfen nur Vereinsmitglieder das Gelände betreten. Das ist auch gut so. Ihr könnt Euch vorstellen, dass die Menschen, die hier trainieren, sich ganz streng an Regeln halten müssen, um bei ihren Schießübungen andere nicht zu gefährden.

In der Nachbarschaft des Volksgartens habt Ihr schließlich auch die Möglichkeit, Minigolf zu spielen, allerdings nur in der warmen Jahreszeit.
Ihr seht an dieser Vielfalt von Möglichkeiten, dass im Volksgarten die Ideen der Spender lebendig geblieben sind: Ein Ort für Sport und Spiel und Erholung für die ganze Bevölkerung.

Der Volksgartenweiher

Kuno, der Killerwels

Niersüberquerung

Kennt Ihr die gruselige Geschichte vom Killerwels?
Vor einigen Jahren ging eine Frau mit ihrem kleinen Hund am Weiher spazieren. Plötzlich war dieser spurlos verschwunden. Ein Spaziergänger, der den Vorfall beobachtet hatte, erzählte der verdutzten Frau, ein Fisch sei aus dem Weiher aufgetaucht und habe den Hund verschluckt.
Das stand dann in allen Zeitungen. Viele Gladbacher beteiligten sich an der hektischen Suche nach dem „Killer-Wels", dem sie den Namen „Kuno" gaben, fanden ihn aber nicht.
Einige Leute waren skeptisch: „Da hat sich einer aber eine ganz wüste Geschichte ausgedacht. So etwas gibt es doch gar nicht".
Aber irgendwann wurde ein toter Wels im Weiher gesichtet. Er wurde ausgestopft und ist heute im Museum Schloss Rheydt zu besichtigen.
Im Volksgarten ist ein Netz von Wander- und Fahrradwegen angelegt. Macht doch einmal einen Familienausflug zu Fuß oder mit dem Fahrrad.
Ein Beispiel: vom Volksgarten aus könnt Ihr nach Schloss Rheydt fahren oder wandern. Hier könnt Ihr dann eine Pause einlegen, das Schloss besichtigen oder das Museum besuchen und dort natürlich auch Kuno, dem Wels, guten Tag sagen.
Von Schloss Rheydt führt der Weg weiter an der Niers entlang zum Flughafen und zur Trabrennbahn.
Auf diesem Weg kommt Ihr dann auch an Schloss Myllendonk vorbei. In der Nähe der Trabrennbahn könnt Ihr mit einer Seilbrücke die Niers überqueren.

Der Hardter Wald

Der Hardter Wald ist das größte zusammenhängende Waldgebiet unserer Stadt.

Große Grabhügelfelder sind ein Beweis dafür, dass unsere Gegend schon früh besiedelt war. Die Grabhügel wurden von den Kelten angelegt, die hier vor bald 2.700 Jahren lebten, noch bevor die Römer kamen.

Spuren dieser Grabhügel findet Ihr rechts und links der Straße, die von Hardt nach Rheindahlen führt.

Ein guter Ausgangspunkt für Eure Spurensuche ist die „Matthias-Kapelle". Wählt Ihr den Weg, der gegenüber der Kapelle in den Wald führt, kommt Ihr an der „Hexenkull" vorbei. Damit ist eine Senke im Boden gemeint, die vor langer, langer Zeit einmal eine Viehtränke war. Schilder am Wegrand informieren über die Gräber und die Hexenkull.

Die Matthias-Kapelle im Hardter Wald

Um Mitternacht sollen sich hier die Hexen treffen und ihr Unwesen treiben. Weil einsame Orte meistens auch ein wenig unheimlich sind, erfinden Menschen gerne gruselige Geschichten, die sich da zugetragen haben sollen. Eine dieser Geschichten werde ich Euch erzählen.

Von Grafen, Jägern, Teufeln und Hexen

In Hardt lebte einmal ein junger Mann, der unbedingt Jäger werden wollte. Ein Graf, der in Hardt ein Schloss gehabt haben soll, stellte ihn ein. Der junge Mann konnte nun nach Herzenslust jagen. Seine Beute musste er dem Grafen ins Schloss bringen. So weit, so gut! Nur war das Wild verschwunden, und jeden Abend kam er mit leeren Händen ins Schloss. Der Graf verlor die Geduld mit seinem erfolglosen Jäger. „Wenn Du morgen wieder ohne Beute kommst, musst du gehen".

Ihr könnt Euch vorstellen, wie verzweifelt der junge Mann war. Am nächsten Tag begegnete er dem Teufel. Der sagte: „Ich kann Dir helfen. Du musst mir die Tiere aber erst zeigen, bevor du sie dem Grafen bringst. Wenn ich von drei erlegten Tieren eins nicht kenne, werde ich Dich in Ruhe lassen. Sonst werde ich nach einem Jahr Deine Seele holen". Der junge Mann willigte ein. Was blieb ihm anderes übrig? Jedenfalls dachte er so.

Jetzt musste er sich keine Sorgen mehr machen, seinen Job zu verlieren. Es gab auf einmal genug Wild. Aber wie konnte er den Teufel wieder loswerden? Die ersten beiden Tiere, ein Eichhörnchen und eine Eule, die er dem Teufel brachte, kannte dieser natürlich. Jetzt musste der Junge sich wirklich etwas einfallen lassen. Sorgenvoll ging er durch den Wald und begegnete einer alten Frau, die ihn nach dem Grund seines Kummers fragte. Er schüttelte den Kopf: „Mir kann niemand helfen". Aber dann erzählte er ihr doch seine Geschichte. Die alte Frau sagte:

„Ich habe da so eine Idee". Sie bestrich ihren Körper mit Rübenkraut und wälzte sich in einem Berg von Federn. Könnt Ihr Euch vorstellen, wie sie ausgesehen hat? Der Junge schoss einmal in die Luft. Sofort erschien der Teufel, fest davon überzeugt, das dritte Tier auch zu kennen. Aber - was war das für ein seltsamer, riesiger Vogel, der da am Boden lag? So einen hatte er noch nie gesehen. Wütend verschwand er.
Die alte Frau befreite sich von ihren Federn. Aber was war das? Vor dem jungen Mann stand ein wunderschönes junges Mädchen. Es war die Tochter des Grafen, die von einer Hexe in eine alte Frau verwandelt worden war und nur von einem jungen Jäger befreit werden konnte.
Und wie das immer so im Märchen ist: Die beiden feierten Hochzeit und lebten glücklich bis an ihr Ende.

Im Hardter Wald könnt Ihr auch noch einen Teil der alten Landwehr sehen. Eine Landwehr hat eine ähnliche Funktion wie eine Stadtmauer. Sie ist ein Schutzwall, der um ein großes Gebiet herum angelegt wurde, um das Leben der Menschen sicherer zu machen. Manchmal sind mehrere Wälle hintereinander angelegt mit Gräben dazwischen. Die Wälle waren mit dichten Sträuchern und undurchdringlichem Dornengestrüpp bewachsen. An einigen Stellen gab es Durchgänge mit Schlagbäumen, die gut zu kontrollieren waren. Für die Bewachung waren die Bauern, die ihre Höfe in der Nähe hatten, zuständig.

Landwehren dienten jedoch nicht nur dazu, Gebiete zu schützen. Sie wurden auch als Weideland für das Vieh genutzt, weil die Tiere wegen der Begrenzung nicht weglaufen konnten.
Wusstet Ihr eigentlich, dass es einmal eine Zeit gegeben hat, in der abgerichtete Störche und Kraniche auf die Hühner und Enten auf dem Bauernhof aufgepasst haben? So steht es jedenfalls in einem alten Buch über Gladbach.
Für eine Wanderung durch den Wald ist die Jugendherberge ein idealer Ausgangspunkt. Von hier kommt Ihr über einen Trimmpfad zu einem großen Gelände, wo Ihr Fußball spielen, schaukeln und klettern könnt.
Es gibt gekennzeichnete Wanderwege mit vielen Bänken, Schutzhütten und Tischgruppen, wo man eine Pause einlegen oder ein Picknick veranstalten kann.
Habt Ihr schon einmal Geländespiele gemacht? Wie wär's mit einem Suchspiel:

Eingangsbereich der Jugendherberge im Hardter Wald

Spielbeschreibung:
Ihr nehmt ein Riesen-Puzzle. (Das könnt Ihr selber basteln). Die Puzzle-Teile werden im Gelände versteckt und müssen gesucht werden. Die Aufgabe ist gelöst, wenn die gefundenen Teile ein fertiges Bild ergeben.

Wer kennt den Wald wohl am besten? Natürlich ist das der Förster, der täglich im Wald unterwegs ist, um nach dem Rechten zu sehen. Er kann Euch viel erzählen, Euch Dachs- und Fuchsbauten zeigen. Ihr könnt einiges über den für den Wald so gefährlichen Borkenkäfer erfahren, lernen, wie man durch Riechen bestimmte Nadelbäume erkennt und Beobachtungen an Ameisenhügeln machen. Einfach spannend!
Der Förster ist sicher bereit, Eure Klasse einmal durch den Wald zu führen.

Der Rheydter Stadtwald

Aus Richtung Rheydt kommend, findet Ihr den Stadtwald rechts an der Dahlener Straße. Die besondere Überraschung: Es gibt hier einen Berg, der mit 133 m Höhe die höchste Erhebung in der Stadt ist. Ein richtiger Berg, mitten im flachen Gelände? Wie das?
Also zugegeben, es ist kein richtiger Berg. Er wurde 1945 nach dem Ende des zweiten Weltkriegs künstlich angelegt.
Damals waren viele, viele Häuser in der ganzen Stadt von Bomben zerstört worden. Der Bauschutt musste beseitigt werden. Es waren riesige Mengen, die irgendwo abgeladen werden mussten.
Man fand einen Platz an der Dahlener Straße. Zum Bauschutt kam noch der Hausmüll. Auf diese Weise entstand ein Berg, den

die Menschen in der Stadt „Monte Clamotte" oder „Rheydter Müllberg" nennen. Dass sich hier einmal ein Berg von Müll befand, sieht man nicht mehr.
Heute seht Ihr nur noch einen schönen mit Bäumen und Sträuchern bewachsenen Hügel mit Spazierwegen. Wenn es im Winter geschneit hat, kommen die Kinder zum Rodeln.
Am Fuß des Müllbergs ist ein Grillplatz mit Sitzgelegenheiten direkt an einem Weiher. Es gibt Liegewiesen und viel Raum zum Spielen und für Spaziergänge.
Eine besondere Attraktion ist der große Spielplatz im Sommer. Dann wird er nämlich unter Wasser gesetzt. Es ist der schönste Wasserspielplatz der ganzen Stadt.
Ihr könnt Euch vorstellen, dass da immer etwas los ist. Vielleicht könnt Ihr Eure Eltern ja überreden, dass sie mit Euch dort einmal einen Tag verbringen mit Grillen, Picknicken und Spielen.

Wasserspielplatz im Rheydter Stadtwald

Wer Lust auf eine Wanderung oder eine Radtour hat, kann von hier aus über den Landschafts-Kulturpfad bis zum Hardter Wald kommen. Er beginnt an der Autobahnbrücke, ist gut ausgeschildert und ungefähr 13 km lang.

Der Tiergarten Odenkirchen

Der Tiergarten Odenkirchen ist bei Kindern in der ganzen Stadt sehr beliebt. Er wurde 1957 von Bürgern gegründet. Erst kamen die Kinder aus der Nachbarschaft, um hier Vögel, Kaninchen, Ziegen und Ponys zu bestaunen. Es kamen immer mehr Tiere hinzu, aber auch immer mehr Familien aus der ganzen Stadt wollten die Tiere sehen.

Heute gibt es im Tiergarten ca. 500 Tiere. Ihr könnt beobachten, wie sie gefüttert werden; einige - z.B. Ziegen und Meerschweinchen - dürft Ihr selber füttern.

Neuerdings gibt es eine Zooschule. Wie begeistert wären wir als Kinder gewesen, an so einem Ort Biologieunterricht zu erhalten! Für Euch ist das möglich. Meldet Euch doch einmal an!

Die Tiere werden um 11 und um 16 Uhr gefüttert.

Ihr habt jetzt einige Parks, Grünanlagen und Waldbereiche kennen gelernt. Nun sind das bei weitem nicht alle.

Auch in Eurer Nachbarschaft gibt es Grünanlagen, die Euch gut gefallen und wo Ihr Euch gerne aufhaltet. Wie wäre es, wenn Ihr Eure Lieblingsplätze einmal beschreiben würdet?

Die Museen

Wisst Ihr, was ein Museum ist? Zur Vorsicht erklärt es Euch der Mönch Benedikt noch einmal kurz.
Gesammelt und gezeigt werden Gegenstände aus unterschiedlichen Zeitaltern und unterschiedlichen Lebensbereichen, zum Beispiel:

- Erdgeschichte
- Menschheitsgeschichte
- Technikgeschichte
- Landesgeschichte
- Stadtgeschichte
- Kunst

Wer sich zum Beispiel für die frühe Menschheitsgeschichte interessiert, wird im Neanderthal-Museum bei Düsseldorf Wissenswertes finden.
Wer sich für Technik interessiert, kann sich bei einem Besuch in München im Deutschen Museum so viele Informationen holen wie nirgends sonst. (Es gibt aber auch in unserer Nähe interessante Technik- und Naturkunde-Museen).
Um ein Museum wirklich kennen zu lernen, muss man öfter hingehen. Denn Ihr könnt bei einem einzigen Besuch gar nicht alles anschauen und behalten.
Ja, was gibt es denn in unseren beiden Museen zu sehen?

Museen sind Orte, an denen etwas gesammelt, aufbewahrt und ausgestellt wird.

Das Kunstwerk „Museum" ähnelt einem Autobahnschild. Thomas Rentmeister hat es entworfen.

Das Museum Abteiberg

Mitten im alten Kern von Mönchengladbach, im ehemaligen Kloster- oder Abteigarten, baute Professor Hans Hollein, ein weltberühmter österreichischer Architekt, für unsere Stadt ein Museum, das 1982 eröffnet wurde.
Das Bauwerk ist so beeindruckend, dass Hans Hollein dafür 1985 einen internationalen Architekturpreis erhielt. Viele Besucher kommen allein schon, um das Gebäude zu bewundern. Aber das Gebäude erhält seinen Sinn ja erst durch das, was den Besuchern gezeigt wird. Und was ist das?

Der Wandbehang mit dem Froschgesicht im Raum mit grünen Wänden stammt vom Künstler Mike Kelley und heißt „Confusion".

Hier wird moderne, zeitgenössische Kunst gezeigt. Es ist richtig schwierig für mich, Euch zu erklären, was moderne Kunst ist. Auf jeden Fall werden Kunstwerke gezeigt von Künstlern, die im 20. Jahrhundert lebten, heute noch leben oder von Künstlern, die heute erst anfangen, etwas zu schaffen.

Ein Museums-Direktor muss beurteilen können, ob ein Kunstwerk gut ist. Manchmal wird ein Künstler, den bei seiner ersten Ausstellung kaum jemand

kannte, sehr berühmt.
Ein Beispiel dafür ist Joseph Beuys, einer der ganz bekannten deutschen Künstler. Seine Ausstellung in Mönchengladbach 1967 lockte Besucher aus ganz Deutschland und aus dem Ausland in die Stadt. Einige seiner Werke könnt Ihr im Museum bestaunen.

Op-Art ist eine Kunst, die mit Anschauen und Bewegen zu tun hat.

Auf der ganzen Welt gibt es Menschen, die sich für Kunst interessieren. Vielen von ihnen ist das Museum Abteiberg bekannt. Kunstliebhaber kommen aus fremden Ländern in unser Museum. Da wäre es doch toll, wenn Ihr als Kinder aus Mönchengladbach sagen könnt: „Museum Abteiberg – das kenne ich gut".
Also geht hin, schaut Euch die Kunstgegenstände an, nehmt Euch Zeit, sie zu betrachten. Macht Euch Eure eigenen Gedanken, stellt Fragen.

Tipp: Fangt im „Op-Art-Raum" an. Die Museums-Mitarbeiter werden Euch gerne zeigen, wo Ihr ihn findet.
Die hier ausgestellten Objekte verändern sich, wenn Ihr Euch davor bewegt.

Was damit gemeint ist, wird Euch gleich klarer, wenn Ihr

Am „Tag der offenen Tür" gibt es ein besonderes Programm für Kinder, wie beispielsweise den Malkurs.

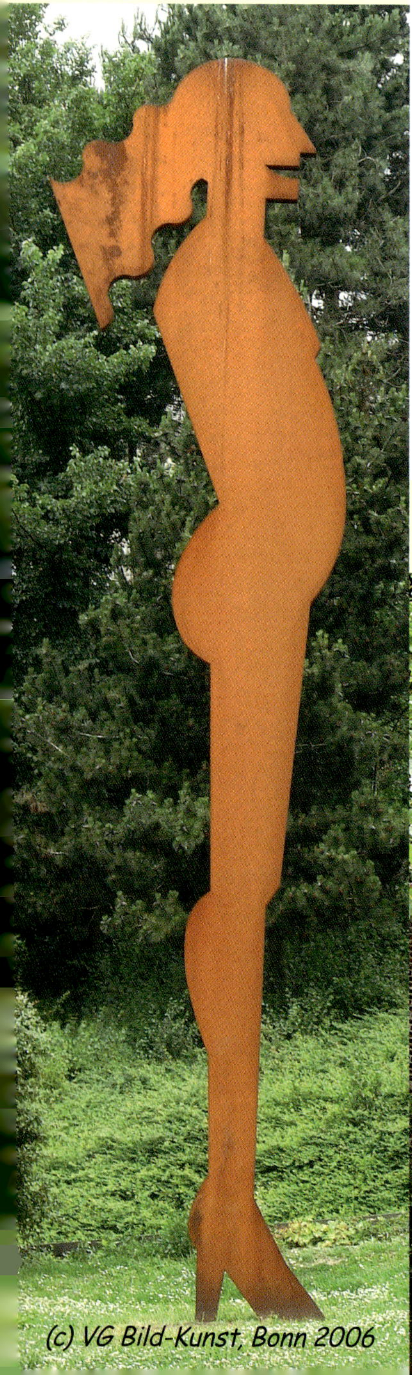

9,30 Meter hoch ist die stählerne Skulptur „Frau" von Georg Ettl.

Euch das große Bild mit den vielen kleinen Spiegeln genauer anschaut. Es spiegelt Euch und zeigt Euch mal auf dem Kopf, mal groß, mal klein und ganz oft. Der Künstler, der es geschaffen hat, heißt Adolf Luther.

Am besten, Ihr nehmt an einer Führung für Kinder teil. Am ersten Sonntag im Monat könnt Ihr das Museum besuchen, ohne dass Ihr Eintritt zahlen müsst. An diesem Tag gibt es immer besondere Angebote für Kinder.
Außerdem könnt Ihr in der Ferienzeit im Museum Kurse belegen und Euch selbst als Künstler betätigen.

Das Kunstwerk „Baumhaus" ist eine beleuchtete Plattform in einem Baum, die man tatsächlich besteigen kann. Es stammt vom Künstler Stefan Kern.

Skulpturengarten

Wenn Ihr durch den Hintereingang des Museums nach draußen geht, kommt Ihr in den Garten der alten Abtei. Hier hat das Museum eine Ausstellung von Skulpturen.
Im Abteigarten gibt es eine Menge Skulpturen, zum Beispiel ein riesiger Reifen oder eine Riesenfrau ohne Arme. Ein Objekt, das Euch mit Sicherheit besonders gut gefällt, ist das Baumhaus. Um den Stamm eines alten Kastanienbaums läuft eine quadratische Plattform aus Aluminiumblech, über die Ihr gehen könnt.

Skulpturen sind künstlerische Objekte aus festem Material. Zum Beispiel Tier- oder Menschenfiguren, Klötze, Kugeln und anderes

Der Ring aus Stahl „Anulo" hat einen Durchmesser von 6 Metern und stammt von Mauro Staccioli.

Skulpturenmeile

Mönchengladbach ist eine kunstliebende Stadt. Über die Stadt verteilt gibt es eine ganze Anzahl von Kunstwerken. Einige Künstler, die sie geschaffen haben, wohnen und arbeiten in Mönchengladbach. Sie sind sicher gerne bereit, Euch ihren Arbeitsplatz zu zeigen. Natürlich könnt Ihr nicht einfach so hereinschneien. Ein Besuch muss angemeldet werden.
Wenn Ihr vom Museum Abteiberg durch die Stadt in den Bunten Garten geht, führt Euer Weg an vielen alten und neuen Kunstwerken vorbei. Dieser Weg wird „Skulpturenmeile" genannt.

„Bodenaustausch" nennen sich die gelben Kästen des Künstlers Vaago Weiland, die Euch über die Skulpturenmeile führen.

Das graue Kunstwerk aus Stahl vor dem Museum ist von Alexander Calder und heißt „Spitzen und Kurven".

Er ist 5,7 km lang und führt vom Geroweiher über den Adenauer-Platz zum Bunten Garten und zurück.

Von dem berühmten, auf dem historischen Huppertz-Hof in Mönchengladbach lebenden Künstler Heinz Mack findet Ihr viele Kunstwerke, u.a. die „Lichtstele" im Bunten Garten (Bild Seite 61), die „Drei Stufen" auf dem Kapuzinerplatz oder die „Harmonia Sanitatis" vor dem Krankenhaus „Maria Hilf".

Auf diesem besonderen Stadtrundgang kommt Ihr an mehr als 50 Kunstwerken vorbei. Ob Ihr die wohl alle findet?

Auch außerhalb der eigentlichen Skulpturenmeile könnt Ihr in der Stadt weitere Kunstwerke bewundern. Dazu gehört „Der Hoppediz".

Die mit Buchstaben versehenen Säulen hat der Künstler Ferdinand Kriwet entworfen und „Lesewald" genannt.

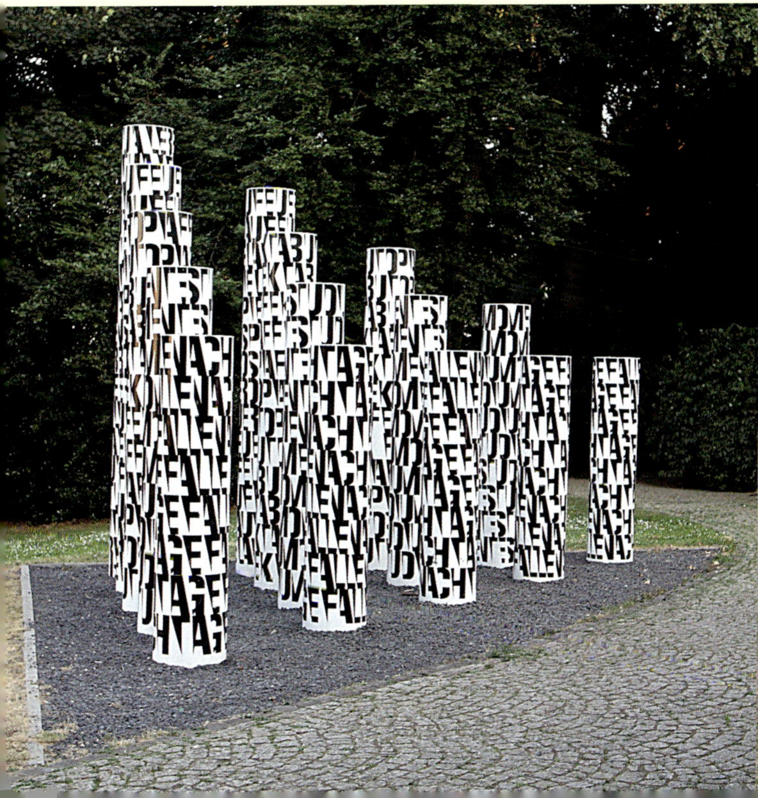

„Der Hoppediz" wurde von Eberhard Coreilius entworfen und von Gladbacher Firmen gebaut.

Museum Schloss Rheydt

Im Museum Schloss Rheydt macht Ihr ganz andere Erfahrungen als im Museum Abteiberg. Hier gehört alles zum Museum: das Schloss selbst, aber auch die Außenanlagen.
Im Inneren des Herrenhauses könnt Ihr sehen, in welchen Räumen die adeligen Bewohner einmal gelebt haben, welche Möbel sie benutzten und wie die Räume geheizt wurden.
Ihr könnt den Rittersaal besichtigen.
In der Kunst- und Wunderkammer wird gezeigt, was die Adeligen und reichen Bürger in früheren Zeiten alles zusammentrugen und sammelten. Das konnten kunstvoll gestaltete Kabinettschränke mit vielen Schubladen sein, vergoldete Pokale, kostbare Gläser, Musikinstrumente, wissenschaftliche Geräte, wertvolle Spiele und Spielsteine, ausgestopfte Tiere und vieles andere mehr. In diesem Raum findet Ihr dann auch unseren Killerwels Kuno.
Die Gemälde, die in der Galerie - das ist der lange Flur auf der ersten Etage des Herrenhauses - hängen, zeigen Menschen mit Kleidern und Frisuren, die heute niemand mehr tragen würde. Schaut Euch besonders das Bild des siebenjährigen Erbprinzen von Brandenburg an. Könnt Ihr Euch vorstellen, in dieser Aufmachung Eure Freunde zu treffen oder zu spielen?

Draußen könnt Ihr sehen, wie eine Schlossanlage mit ihren ganzen Sicherheitssystemen wie z.B. Wassergräben und Zugbrücke gebaut wurde.

Spannend ist es aber auch, durch die unterirdischen Kasematten zu gehen und sich vorzustellen, wie von hier aus das Schloss verteidigt werden konnte.

In den Ferien gibt es im Schloss Kurse für Kinder, die ein altes Handwerk kennen lernen oder etwas über die Ritter und ihr Leben erfahren möchten. Es gibt aber auch die Möglichkeit, an Mal-, Bastel- und Töpferkursen teilzunehmen. Ihr müsst Euch das Vierteljahresprogramm besorgen. Das bekommt Ihr in der Volkshochschule, der Musikschule oder der Stadtbibliothek.

Außerdem könnt Ihr hier einen spannenden Kindergeburtstag feiern, auf Schatzsuche oder Gespensterjagd gehen und anschließend essen wie die Ritter.

Wenn Ihr mit Eurer Klasse das Schloss besichtigen wollt, dann müsst Ihr nichts dafür bezahlen.

Eine Kunst- und Wunderkammer ist ein Raum, in dem Besonderheiten ausgestellt wurden, zum Beispiel Porzellan aus China, Tabaksdosen, Pfeifen, indianische Schrumpfköpfe, Tiere mit fünf Beinen und vieles mehr. Fürsten gehörten zu den ersten Sammlern. Aus den Kunst- und Wunderkammern entstanden die Museen.

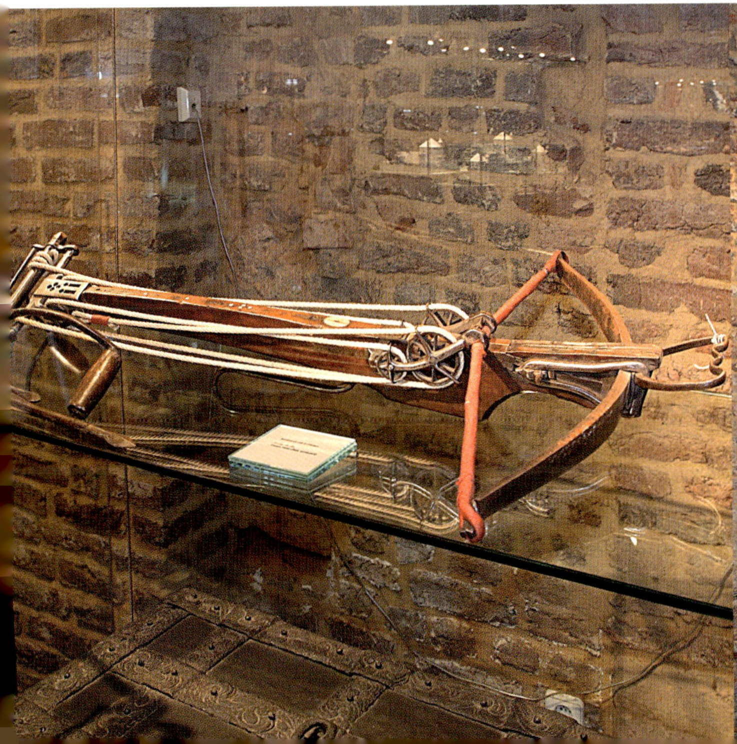

Foto: Borussia

Sportstätten

Borussia Mönchengladbach

Wenn ich jemand erzähle, dass ich aus Mönchengladbach komme, dann höre ich spontan: Aha, Borussia!
Ja, wirklich. Unser Fußballverein VfL Borussia Mönchengladbach ist berühmt. Das war nicht immer so. Vor mehr als 100 Jahren, genau im Jahr 1899, fingen Jugendliche in Eicken an, Fußball zu spielen. Sie spielten gegen schon bestehende Vereine. Der offizielle Gründungstag der Borussia ist der 1. 8. 1900. Sechzig Jahre später wurde der Verein zum ersten Mal Pokalsieger.
Fünf Mal wurden die Borussen deutscher Meister, und in den Jahren 1975 und 1979 haben sie sogar den UEFA-Cup gewonnen. Diesen europäischen Pokal erhält der Sieger bei einem Wettbewerb, an dem nur ausgewählte Fußball-Vereine aus Europa teilnehmen dürfen, die in ihren Heimatländern erfolgreich sind. Seitdem ist der VfL Borussia berühmt. Die Borussen haben in der ganzen Bundesrepublik viele Fans, obwohl sie es heute schwer haben, ihren Platz in der Bundesliga zu halten.
Das alte Stadion war auf dem Bökelberg. Einige von Euch werden es kennen und auch schon zu Spielen dort gewesen sein.
Nach einem Spiel trafen sich Spieler und ihre Anhänger in einem Lokal in der Fußgänger-Zone in Eicken. Daran erinnert ein Brunnen mit bekannten Borussen-Spielern.

Bild linke Seite:

Das Borussia-Stadion im Nordpark

Inzwischen haben die Borussen ein neues Stadion im Nordpark. Wenn kein Heimspiel ist, könnt Ihr dieses Stadion besichtigen, Spielerkabinen von innen ansehen oder, wenn Ihr Glück habt, den Spielern beim Training zuschauen. Dazu müsst Ihr Euch allerdings telefonisch anmelden.

In einem großen Fan-Shop kann man viele Dinge mit dem Borussen-Logo kaufen. (Was ein Logo ist, habe ich ja schon im Kapitel „Stadtwappen" erklärt). Einen Schal mit Borussen-Logo tragen die Fans gerne zu den Spielen um zu zeigen, dass sie Anhänger der Borussen sind.

Fußballspieler müssen sehr gut sein, um ihrem Verein einen Spitzenplatz zu sichern. Wenn Spieler aus irgendeinem Grund ausscheiden oder zu einem anderen Verein wechseln, braucht der Verein neue Spieler. Die kann er kaufen.

Aber es werden auch junge Spieler ausgebildet. Jungen aus ganz Deutschland, die spitzenmäßig Fußball spielen, können sich bewerben. Sie wohnen im Borussen-Internat. Sie gehen in der Stadt zur Schule. In ihrer Freizeit werden sie trainiert, damit sie immer besser werden. Vielleicht ist einer von ihnen in Eurer Klasse?

Übrigens: Eine Mädchen-Mannschaft gibt es auch. Mädchen, die Talent und Spaß am Fußball haben, sind bei Borussia willkommen.

Das Stadion im Nordpark bietet fast 60.000 Menschen Platz.

Hockey-Stadion Mönchengladbach

Hockey ist eine sehr alte Sportart, die es seit über 6000 Jahren gibt. In Irland und England wurden im 19. Jahrhundert nach und nach die Regeln entwickelt, die heute gültig sind. Seit 1908 ist Hockey eine olympische Disziplin.
1920, also vor über 80 Jahren, begeisterten sich junge Männer in Mönchengladbach für Hockey, und sie gründeten eine Herrenmannschaft. Drei Jahre später folgte eine Damenmannschaft. Warum ich das besonders erwähne? Zu dieser Zeit war es gar nicht selbstverständlich für Frauen und Mädchen, überhaupt Sport zu treiben.

Die bunten Sitze im Zuschauerbereich des Hockey-Stadions erwecken den Eindruck, dass viele Zuschauer anwesend sind.

Im Jahr 1925 stellte der Generaldirektor der Firma „Gladbacher Wolle“ (eine große Fabrik, in der Anzugstoffe hergestellt wurden) den Mannschaften ein Grundstück für den Bau von 4 Hockey- und 8 Tennisplätzen an der Hehner Straße zur Verfügung. Der Gladbacher Hockey- und Tennisclub - kurz GHTC - hat hier seit 80 Jahren ein Zuhause.

Neben dem GHTC gibt es den Rheydter Spielverein Hockey und Tennis (RSV). Beide Clubs spielen erfolgreich in der Bundesliga und sind bei den Anhängern dieses Sports genauso bekannt wie Borussia bei den Fußballfans.

Im Laufe der Jahre haben sie etliche Meisterschaften gewonnen. Beim Spiel um den Europa-Pokal 2001 kam der GHTC sogar auf den zweiten Platz.

Einige der Gladbacher Spieler waren so gut, dass sie Olympia-Teilnehmer waren und bei den Weltmeisterschaften mitspielten.

Das war Grund genug für unsere Stadt, im Jahr 2005 das größte, schönste und modernste Hockey-Stadion Europas (vielleicht sogar der Welt?) zu bauen. Das neue Hockey-Stadion liegt gleich neben dem Borussen-Stadion im Nordpark.

Im September 2006 wurden dort Weltmeisterschaftsspiele ausgetragen. Einfach spannend!

Heute wird Hockey in einigen Schulen unserer Stadt als Schulsport angeboten. Schaut Euch einmal ein Spiel an. Vielleicht bekommt Ihr dann ja auch Lust mitzuspielen.

Der Flughafen

Der Gladbacher Flughafen an der Niersbrücke ist nicht so groß wie der riesige in Düsseldorf. Hier landen nur kleinere Flugzeuge. Damit auch größere abgefertigt werden können, wäre es nötig, die Landebahn zu verlängern. Aber besonders die Anwohner wollen das nicht. Sie befürchten nicht nur die Belästigung durch den Fluglärm, sondern auch die Zerstörung der Landschaft.
In Mönchengladbach hat es immer Menschen gegeben, die sich sehr für Flugzeuge und fürs Fliegen interessieren.
Schon 1911 - also vor fast 100 Jahren - gab es den 1. Flugtag. Damals war Fliegen noch ganz neu, und es war schon ein besonderer Glücksfall, wenn ein Start überhaupt glückte. Sechzehn

Auf dem Mönchengladbacher Flughafen landen überwiegend Sportflugzeuge.

Segelflugzeuge sind Flugzeuge, die ohne Motor durch die Luft gleiten können.

Jahre später gab es diese Probleme nicht mehr.
Zu dem Flugtag, der 1926 stattfand, kamen 100.000 Besucher, weil der berühmte Kunstflieger Ernst Udet daran teilnahm. Der damalige Flugplatz war auf der Holter Heide, also da, wo jetzt der Nordpark ist.
Auf dem heutigen Flugplatz gab es ab 1955 zunächst nur eine Gras-Startbahn, auf dem Segelflugzeuge starteten.
Der Platz wurde immer mehr verändert und erweitert, so dass bald auch Motorflugzeuge starten und landen konnten.

Eine Berühmtheit, die Ihr unbedingt kennen lernen müsst, ist die Ju-52. Der berühmte Flugzeugbauer Hugo Junkers, der dieses Flugzeug zum ersten Mal 1930 gebaut hat, war Bürger unserer Stadt. Er wurde in Rheydt geboren. Nach ihm ist auch ein Gymnasium in unserer Stadt benannt, das Hugo-Junkers-Gymnasium.

Die Ju-52 ist mehr als 75 Jahre alt.

Mit der Ju-52 könnt Ihr einen Rundflug über Mönchengladbach machen und Euch die Stadt einmal von oben ansehen. Allerdings ist ein Flug nicht billig.
Außerdem ist es möglich, an Führungen auf dem Flughafen teilzunehmen, wo Fachleute Euch alles genau erklären und zeigen.

Die Trabrennbahn

In unmittelbarer Nähe des Flughafens befindet sich die Trabrennbahn. Sie ist die älteste noch existierende Trabrennbahn in Deutschland und besteht seit dem Jahr 1893.
Die Pferde, die auf der Trabrennbahn an Rennen teilnehmen, werden vor einen Wagen gespannt, der Sulky genannt wird. Ein Sulky wird von einem Fahrer oder einer Fahrerin gefahren. Beim Rennen dürfen die Pferde nur traben. Wenn sie nun im Eifer des Rennens anfangen zu galoppieren, können sie nach den Regeln des Sports mit ihrem Fahrer vom Rennen ausgeschlossen werden.

Die Trabrennbahn ist jeden Tag geöffnet. Ihr könnt zu den Ställen gehen und den Pferden beim morgendlichen Training zuschauen. Wenn Ihr Glück habt, nimmt Euch ein Fahrer auch einmal eine Runde im Fohlenwagen mit.
Rennen finden dienstags abends und an einigen Sonntagen statt. Dann gibt es ein besonderes Kinderprogramm mit zum Beispiel Ponyreiten oder Minipony-Rennen und Attraktionen, die Euch bestimmt Spaß machen werden.

Viel Freude haben Kinder an Minipony-Rennen.

Nachwort

So, meine Lieben, jetzt habe ich genug erzählt.

Ihr habt viel über Mönchengladbach erfahren, und ich hoffe, dass Ihr neugierig geworden seid, überall hinzugehen und alles kennen zu lernen.

Was mir beim Schreiben – und euch sicher auch beim Lesen – aufgefallen ist, dass so viele Orte, Vereine und Sportstätten schon vor 100 Jahren entstanden sind. Es waren oft Mönchengladbacher Bürger, die nicht nur gute Ideen hatten, sondern auch genug Tatkraft, sie zu verwirklichen.
Auch heute sind Ideen von Bürgern so wichtig wie eh und je. Bürger – das seid auch Ihr.

In unserer Stadt gibt es viel mehr zu sehen, zu erforschen und zu unternehmen, als in diesem Buch aufgeschrieben ist. Einige für Euch wichtige Orte wie die Musikschule, die Stadtbibliothek und das Stadttheater habe ich nicht erwähnt. Schwimmbäder sind für Euch ebenfalls sehr interessant; vor allem die neueste Attraktion in unserer Stadt, das Vitusbad mit seinem Spaßbereich, ist natürlich ein Riesenvergnügen für alle Wasserratten.

Aber das ist eine andere Geschichte - Geschichte, die Ihr selbst erleben und erkunden müsst, die Euch zeigt, dass es in Mönchengladbach vorangeht.

Dank der Autorin

Beim Schreiben des Buches haben mir viele Menschen mit Rat und Tat zur Seite gestanden, den Text kritisch geprüft, wertvolle Tipps und Anregungen gegeben und bei der Literaturrecherche geholfen. Bei ihnen möchte ich mich in alphabetischer Reihenfolge ganz herzlich bedanken:

Nik Ebert ▪ Cora Hillekamp ▪ Gerda Hillekamp ▪ Herbert Hillekamp ▪ Ulli Hillekamp ▪ Dr. Klaus Hoffmann ▪ Siegbert Kleiner ▪ Solveig Spiel ▪ Sonja Thomas ▪ den Mitarbeitern der NVV, der MGMG, des Forstamts, des Museums und des Stadtarchivs.

Dem Lions Club Mönchengladbach und den beteiligten Sponsoren ist zu verdanken, dass dieses Buch in einer Auflagenhöhe von 10.000 Stück an die Kinder unserer Stadt verteilt werden kann.
Mein ganz besonderer Dank gilt deshalb dem amtierenden Präsidenten Arnd Frentzen und Frank Kürten, der meine Idee aufgegriffen und mit seiner Tochter Sabine dafür gesorgt hat, dass aus meinem Manuskript ein anschauliches Buch geworden ist.

Ein gemeinsames Ziel liegt allen Beteiligten am Herzen: Die Kinder sollen ihre Stadt ausgiebig kennen lernen und am Schluss voller Stolz sagen: ich komme aus Mönchengladbach.

Mönchengladbach im August 2006

Der Lions Club Mönchengladbach ist einer der ältesten Serviceclubs unserer Stadt und hat rund 50 Mitglieder. Man nennt ihn Serviceclub, weil seine Mitglieder durch Spenden und viel persönlichen Einsatz regionale Hilfsprojekte unterstützen. Die Lions machen dies freiwillig und ehrenamtlich. Sie wollen unter anderem dort helfen, wo die öffentlichen Mittel nicht ausreichen, Kindern und Jugendlichen sinnvolle Spiel- und Freizeitmöglichkeiten zu bieten. Dabei geht es nicht nur um materielle Hilfe. Lions packen selbst mit an.

www.Lionsclub-MG.de

Die Sponsoren:

Borussia Mönchengladbach

Der mehrfache deutsche Fußballmeister Borussia Mönchengladbach ist das sportliche Aushängeschild der Stadt.

www.borussia.de

GEM

Die Gesellschaft für Wertstofferfassung, Wertstoffverwertung und Entsorgung in Mönchengladbach.

www.gem-mg.de

NVV AG

Der professionelle Partner für Strom, Erdgas, Trinkwasser, MöBus und Bäder im Raum Mönchengladbach.

www.nvv-ag.de

Volksbank Mönchengladbach

Wir sorgen für die Zukunft unserer Kinder.

www.voba-mg.de

Nützliche Informationen:

Die nachstehenden Informationen sind nicht vollständig. Sie können sich jederzeit ändern. Sie sollen Euch nur die Suche nach Orten und Terminen etwas erleichtern.

Stadt Mönchengladbach

Telefon: 0 21 61 / 25 0
Internetadresse: **www.moenchengladbach.de**

Auf der Internetseite der Stadt Mönchengladbach findet Ihr eine Fülle von Informationen: Adressen, Telefon-Nummern, Wegbeschreibungen, Öffnungszeiten, Veranstaltungstermine und vieles mehr.
Eigentlich reicht diese Adresse schon, um Euch mit allen notwendigen Informationen zu versorgen.
Für diejenigen, die keinen Zugang zum Internet haben, habe ich noch einige Informationen zusammengestellt.

Museum Abteiberg

Abteistraße 27
Telefon: 0 21 61 / 25 26 37
Öffnungszeiten: Dienstag bis Sonntag 10 - 18 Uhr
Am 1. Sonntag im Monat ist der Eintritt frei
Internetadresse: **www.museum-abteiberg.de**

Museum Schloss Rheydt

Schlossstr. 508
Telefon: 0 21 66 / 92 89 00
Öffnungszeiten: Dienstag bis Sonntag: 10 - 18 Uhr
Internetadresse: **www.schlossrheydt.de**

Vogelkunde-Museum Schloss Wickrath

Öffnungszeiten: April - Oktober sonntags 14 - 17 Uhr

Karnevalsmuseum
Weiherstr. 2
Telefon: 0 21 61 / 18 01 09
Öffnungszeiten: 1. Sonntag im Monat 11 - 14 Uhr
Internetadresse: www.altes-zeughaus.de

Wasserturm Rheindahlen - Archäologisches Museum
Mennrather Str. 80
Telefon: 0 21 61 / 58 04 33
Öffnungszeiten: März - Dezember
jeden 1. Samstag im Monat 14 - 17 Uhr

Sternwarte am Wasserturm Rheindahlen
Internetadresse: www.astro-mg.de

Tiergarten Odenkirchen
Am Pixbusch 22
Telefon: 0 21 66 / 60 14 74
Öffnungszeiten: 9 - 18 Uhr (im Winter kürzer)
Internetadresse: www.tiergarten-moenchengladbach.de

Stadion im Borussia-Park
Hennes-Weisweiler-Allee 1
Führungen finden freitags, samstags und sonntags statt.
Telefonische Anmeldung: 0 21 61 / 92 93 0
Internetadresse: www.borussia.de

Flughafen Mönchengladbach
Flughafenstr. 95
Telefon: 0 21 61 / 68 98 0
Internetadresse: www.mgl.de
Führungen für Kinder finden mittwochs statt

Trabrennbahn Mönchengladbach
Krefelder Straße
Telefon: 0 21 66 / 24 86 66 (Rheinischer Rennverein)
Internetadresse: www.trab-mg.de